CONTABILIDADE BÁSICA DESCOMPLICADA

Um Novo Jeito de Aprender Contabilidade

CONTABILIDADE BÁSICA DESCOMPLICADA

Um Novo Jeito de Apender Contabilidade

Celso Viana da silva

Direitos Autorais

Copyright © 2020 Celso Viana da Silva

Todos os direitos reservados

ISBN-13

Dedicatória

Este livro é resultado de muito estudo e muitas aulas. E nada disto teria sido possível sem o apoio da pessoa mais importante da minha vida: a minha Amada, a minha incomparável Maria, que me acompanha há exatos 40 anos.

Eu te amo. O resto é consequência.

Sobre o autor

Fui criado para ser militar. Mas recusei este destino e segui meu próprio caminho. O Colégio Militar de Fortaleza e a Academia Militar das Agulhas Negras serviram de base para meu ingresso em faculdades e empregos mais diversos.

Primeiro me formei em Administração e ingressei nos Correios. Depois entrei para a Receita Federal onde me aposentei como Analista Tributário.

Ao longo da jornada me formei em Contabilidade em Curitiba e fiz pós-graduação em Contabilidade e Finanças na Universidade Federal do Paraná.

Depois fiz o mestrado em Administração pela FGV.

Mas o que contou mesmo para estes textos foram as centenas de horas-aula s para estudantes de cursinhos para concursos, além de muitos outros em cursos de graduação e pós-graduação no Paraná e interior de São Paulo.

Meus cursos estão divulgados em vídeo pelo YouTube e na Udemy e Hotmart. Se você me mandar um e-mail eu lhe passarei o link dos vídeos: nobresilva@gmail.com.

Apresentação da obra

Este livro abre as portas da Contabilidade para aqueles que têm dificuldades em compreender e usar a sua principal ferramenta: o mecanismo do débito e do crédito.

Durante os cursos que ministrei era evidente a dificuldade de boa parte dos alunos em vencer o obstáculo representado pela necessidade de dominar este método contábil.

Diante deste quadro, adotei um jeito diferente de introduzir o aluno ao mundo do débito e do crédito: usei o método do registro de operações por balanços sucessivos. A vantagem de proceder assim, é permitir que o aluno vislumbre dentro do balanço patrimonial os efeitos das operações que ocorrem no mundo real.

Então, o diferencial deste texto é permitir ao aluno desmistificar o método das partidas dobradas e entender como as operações contábeis são registradas em seus dois principais livros: o diário e o razão. E a partir daí, sentir-se equipado para mergulhos mais profundos nas temáticas desta ciência.

O primeiro capítulo explora os conceitos iniciais da contabilidade e o segundo estuda o patrimônio das empresas, esmiuçando os conceitos e os exemplos de bens, direitos e obrigações. Neste capítulo também se conhecem os grupos componentes do balanço patrimonial: ativo, passivo e patrimônio líquido.

O terceiro capítulo trata do registro de operações pelo método dos balanços sucessivos e o quarto capítulo desenvolve o mecanismo do débito e do crédito, finalizando com a preparação do balancete de verificação a partir dos razonetes. Ainda mostra como usar o balancete de verificação para elaborar a demonstração do resultado do exercício e o balanço patrimonial.

Sumário

1 – INTRODUÇÃO À CONTABILIDADE

Conceito

Diversos são os conceitos divulgados para a Contabilidade. Ficamos com um que afirma:

"Contabilidade é a ciência que estuda, registra e controla o patrimônio das pessoas físicas ou jurídicas".

A Contabilidade tem o objetivo de fornecer informações sobre o patrimônio dessas entidades, com o propósito de orientar o processo de tomada de decisões. Desta forma, nosso estudo estará voltado para a Contabilidade das pessoas jurídicas com fins lucrativos. Entretanto, devemos salientar que onde houver um patrimônio quantificável economicamente e vinculado a uma pessoa qualquer, pode-se fazer uso das técnicas contábeis a fim de se estabelecer, sobre este patrimônio, um efetivo controle e um eficiente canal de informações financeiras.

O Primeiro Congresso Brasileiro de Contabilistas, realizado no Rio de Janeiro, entre 17 e 27 de agosto de 1924, formulou um conceito oficial para a Contabilidade, enunciando que:

"Contabilidade é a ciência que estuda e pratica as funções de orientação, de controle e de registro relativos à Administração Econômica".

Objeto

O objeto de estudo e de controle da Contabilidade é o Patrimônio, entendido como o conjunto de bens, direitos e obrigações quantificáveis economicamente e vinculados a uma pessoa. Estudaremos o patrimônio das empresas, ou seja, das pessoas jurídicas com fins lucrativos.

Finalidade

Prover um fluxo contínuo e seguro de informações úteis ao processo decisório é a finalidade primeira da contabilidade. De posse de tais informações a administração da empresa pode planejar e controlar suas atividades futuras a partir de situações reais ocorridas e relatadas no presente e no passado.

Em sentido estrito, a finalidade da contabilidade é possibilitar <u>planejamento</u> e o <u>controle</u> das atividades de uma empresa.

Técnicas Contábeis

Para reunir e apresentar informações úteis às tomadas de decisões de seus diversos usuários, a contabilidade faz uso de técnicas específicas. São as seguintes:

- Escrituração Contábil
- Elaboração das Demonstrações Contábeis
- Auditoria Contábil
- Análise de Balanços

Escrituração Contábil

É o registro em livros próprios dos fatos contábeis ocorridos com uma empresa em suas relações com o ambiente interno e externo. Fatos contábeis são ocorrências que provocam alterações na composição do patrimônio de uma empresa, interessando, assim, à contabilidade que, como vimos, tem como objeto o patrimônio.

Os registros contábeis, também chamados de lançamentos contábeis, têm uma linguagem própria e devem ser feitos de acordo com princípios e convenções admitidos para a Contabilidade.

Elaboração das Demonstrações Contábeis

É o resumo em relatórios apropriados dos fatos registrados nos livros contábeis.

A escrituração não permite boa visualização do patrimônio, pois o interessado teria de manusear os livros onde os fatos estão registrados para, assim, compreender a composição e a situação patrimonial da empresa. Através das Demonstrações Contábeis, também chamadas de Demonstrações Financeiras, o usuário terá seu trabalho de análise facilitado. O artigo 176 da Lei 6.404/76 especifica os seguintes relatórios:

- Balanço Patrimonial (BP);
- Demonstração dos Lucros ou Prejuízos Acumulados (DLPA);
- Demonstração do Resultado do Exercício (DRE);
- Demonstração dos Fluxos de Caixa (DFC);

A Demonstração do Valor Adicionado (DVA) é obrigatória apenas para empresas de capital aberto.

Ainda diz a mesma lei que estes demonstrativos deverão ser complementados por Notas Explicativas e outros quadros analíticos ou demonstrações contábeis necessárias à evidenciação da situação patrimonial e dos resultados do exercício, que não possam ser visualizados a partir das quatro demonstrações acima.

A Demonstração das Mutações no Patrimônio Líquido (DMPL) é um relatório não exigido pela lei, mas pela Comissão de Valores Mobiliários, para as sociedades anônimas de capital aberto. Já norma do Conselho Federal de Contabilidade (CFC) através do CPC 26, exige a DMPL para todas as sociedades de grande porte. A DMPL inclui em seu bojo a DLPA, por isso, a Lei 6.404/76, art. 186, diz que a companhia poderá deixar de publicar a DLPA, se elaborar e publicar a DMPL.

O balanço patrimonial é o mais importante relatório, e reúne a composição do patrimônio da empresa: bens, direitos e obrigações.

A demonstração de lucros ou prejuízos acumulados explica o que ocorreu com o lucro (ou com o prejuízo) da companhia durante um exercício social (geralmente um ano).

A demonstração do resultado do exercício, como o próprio nome indica, apresenta o resultado da companhia durante um exercício social (lucro ou prejuízo), através do confronto entre todas as receitas e todas as despesas e custos daquele período; portanto, este relatório menciona apenas receitas, despesas e custos, sem se referir a bens, direitos e obrigações.

A demonstração dos fluxos de caixa mostra as origens e as aplicações dos recursos financeiros. A DFC faz isto ao demonstrar as alterações ocorridas, durante o exercício, no saldo de caixa e de recursos que se comportam como se caixa fossem, como saldos bancários ou investimentos de liquidez imediata. Neste processo, a DFC separa essas alterações nos três tipos de fluxos a seguir:

- Operações
- Financiamentos
- Investimentos

Auditoria Contábil

Também chamada simplesmente de Auditoria, é uma técnica própria que a Contabilidade utiliza para verificar minuciosamente a adequação dos registros e das demonstrações contábeis aos princípios e às normas estabelecidas para ela (Contabilidade). Consiste no exame de documentos, livros e registros, obedecendo a normas específicas de procedimentos, com o objetivo de verificar se as demonstrações representam, corretamente, a posição econômico-financeira do patrimônio e os resultados do período administrativo (exercício social).

Análise de Balanços

É o estudo da situação patrimonial da empresa, através da decomposição, comparação e interpretação do conteúdo das demonstrações contábeis, visando a obtenção de informações analíticas precisas sobre a situação geral da companhia. Um investidor pode querer se tornar sócio da empresa e, para tomar a decisão, ele precisa conhecer sua situação financeira e econômica, recorrendo aos relatórios contábeis para proceder cuidadosa análise.

É uma técnica especializada da Contabilidade que fornece uma avaliação da situação real do patrimônio, no que se refere à capacidade financeira, ao desempenho operacional, à sobrevivência da empresa, suas possibilidades de expansão e desenvolvimento.

Esta técnica é útil em virtude do caráter sintético das demonstrações, que não fornecem informações e orientações esclarecedoras sobre a composição detalhada do patrimônio e suas variações. A Análise de Balanços permite decompor, comparar e interpretar as demonstrações contábeis, oferecendo aos interessados na riqueza patrimonial, dados analíticos e a interpretação dos componentes do patrimônio e do resultado da atividade econômica desenvolvida pela empresa. Estas informações são indispensáveis à tomada de decisões.

Usuários da Contabilidade

São diversos os grupos de pessoas que têm interesse nas informações geradas pela contabilidade. Relacionamos a seguir alguns dos principais usuários, bem como algumas das informações que lhes interessam.

Acionistas majoritários

Desejam conhecer o fluxo de dividendos, o valor de mercado da ação e o lucro por ação.

Acionistas minoritários

Para estes, o importante é conhecer o fluxo regular de dividendos, ou seja, a remuneração que poderá receber proporcionalmente aos lucros gerados pela empresa. Ele aplicou um pouco de suas economias na empresa com o propósito de usufruir de uma complementação de renda.

Acionistas preferenciais

Para estes o importante é o fluxo de dividendos mínimos ou fixos.

Emprestadores em geral (bancos e financeiras)

Desejam constatar se a geração de fluxos de caixa futuros será suficiente para a empresa pagar-lhes o capital emprestado, mais os juros.

Fornecedores

Precisam saber se a geração futura de fluxo de caixa da empresa será suficiente para lhes pagar pelo fornecimento a prazo de mercadorias e materiais.

Entidades governamentais

Desejam conhecer o lucro tributável e se foram feitos adequadamente os recolhimentos dos tributos. Além disto, para fins estatísticos de desenvolvimento econômico, precisam conhecer informações relativas a valor adicionado e produtividade.

Empregados em geral

A estes interessa saber se o fluxo de caixa futuro será capaz de assegurar aumentos ou manutenção dos salários.

Sindicatos de empregados

Se utilizam de informações sobre aumentos de produtividade com o propósito de negociar melhores salários.

Alta e média Administração

Se interessam pelo retorno sobre o ativo, pelo retorno sobre o patrimônio líquido. Também acompanham com muita atenção a situação de liquidez e endividamento da companhia.

Campo de aplicação da Contabilidade

A contabilidade encontra aplicação em toda entidade que possui patrimônio quantificável economicamente, seja ela uma pessoa física ou jurídica. Ou seja, a Contabilidade é útil a toda a sociedade, aplicando-se às pessoas jurídicas com ou sem fins lucrativos. Empresas são entidades com fins lucrativos. Associações, clubes, fundações e instituições filantrópicas, caritativas e de assistência social, são exemplos de entidades sem fins lucrativos, ou de fins ideais.

Concluindo, podemos afirmar que a Contabilidade se aplica a todas as pessoas que possuam patrimônio:

- Pessoas físicas ou jurídicas
- Pessoas públicas ou privadas
- Pessoas com fins lucrativos ou fins ideais

Outro conceito vinculado ao campo de aplicação da Contabilidade é o de *azienda*. Esse termo vem do idioma italiano e significa fazenda, no sentido de uma empresa e sua administração. Portanto, azienda absorve o conceito de uma empresa e seu órgão gestor. É o patrimônio considerado em conjunto com sua administração.

Funções da Contabilidade

Função administrativa: controlar o patrimônio. A Contabilidade fornece informações que permitem à administração das entidades Econômico-Administrativas planejar e controlar todos os acontecimentos. Essas informações terão conteúdo e importância diferenciados de acordo com os objetivos das entidades. Naquelas com fins lucrativos (empresas) a administração se interessa pelo aspecto econômico das informações. Nas entidades com fins sociais (não buscam o lucro), as funções econômicas estão presentes apenas como meio para a consecução dos fins puramente ideais, como servir a uma coletividade, como fazem as santas casas de misericórdia.

Função econômica: apurar o resultado. Isto para verificar se houve lucro ou prejuízo, ao término de um determinado período.

Entidades Econômico-Administrativas

São empresas (objetivam o lucro) ou instituições (objetivam fins sociais) que se cercam de recursos humanos, materiais e financeiros para atingirem seus propósitos.

Essas entidades podem ou não trabalhar com o objetivo de aumentar a riqueza de seus proprietários. Quando o lucro auferido é distribuído entre os sócios ou acionistas, estamos diante de uma empresa. Ela pode atuar em qualquer ramo de atividade, seja comercial, industrial, agropecuário ou de serviços.

Já quando esse lucro é revertido em benefício da própria sociedade, não representando aumento de riqueza material para qualquer indivíduo, tem-se uma sociedade de fins ideais, podendo ser uma entidade pública (empresas públicas, autarquias ou fundações) ou uma associação (clubes, condomínios, associações de classes etc.).

Essas entidades são as já conhecidas Pessoas Jurídicas. E assim são chamadas por não serem pessoas naturais e sim, uma coletividade delas. As Pessoas Jurídicas têm vida própria separada das pessoas naturais que a constituíram e estão sujeitas a direitos e obrigações a partir de seu nascimento, que se dá com o arquivamento, no órgão do registro do comércio, dos documentos que a constituíram.

Esses documentos são o Contrato Social ou o Estatuto Social. Este aplicável às Sociedades Anônimas e aquele, às demais empresas. Tais documentos podem ser arquivados na Junta Comercial (caso das sociedades comerciais ou industriais) ou no Cartório Civil das Pessoas Jurídicas (caso das Sociedades Civis – as prestadoras de serviços). Às empresas individuais também se aplicam os conceitos acima.

Os impostos federais são arrecadados com base no registro da empresa no Cadastro Nacional da Pessoa Jurídica (CNPJ).

Controle e Planejamento

Essas são as finalidades básicas a que se prestam as informações fornecidas pela Contabilidade. Segundo o autor Robert N. Anthony, podem ser assim definidas:

Controle é um processo pelo qual a alta administração se certifica se a organização está agindo conforme os planos e políticas traçados.

Planejamento é o processo de decidir que curso de ação deverá ser tomado para o futuro, diante de vários cursos alternativos.

Órgãos de uma empresa

As empresas apresentam em sua estrutura três espécies de órgãos: volitivos, diretivos e executivos.

Órgãos Volitivos representam a vontade que decide aquilo que deve ser feito e são constituídos pelos proprietários (sócios ou acionistas). São também chamados de órgãos deliberativos ou soberanos, cuja vontade é imperativa no planejamento das atividades da entidade.

Órgãos Diretivos representam a inteligência que dirige e orienta a execução das atividades e são constituídos pelos administradores (Conselho de Administração ou diretores). São também chamadas de órgãos dirigentes ou coordenadores.

Órgãos Executivos formados pelos funcionários. Que executam as atividades traçadas pelos Órgãos Volitivos e coordenadas pelos Órgãos Diretivos.

Exercícios do Capítulo 1

1) Defina Contabilidade.

2) Qual o objeto da Contabilidade?

3) Qual a finalidade da Contabilidade?

4) Quais as técnicas utilizadas pela Contabilidade para cumprir suas finalidades?

5) O que é Escrituração Contábil?

6) Quais as demonstrações contábeis previstas na Lei 6.404/76?

7) O que é e para que servem:
   * o Balanço Patrimonial:
   * a Demonstração do Resultado do Exercício:
   * a Demonstração de Lucros e Prejuízos Acumulados:
   * a Demonstração dos Fluxos de Caixa:

8) O que é estática patrimonial e qual relatório a expressa?

9) O que é dinâmica patrimonial e qual relatório a expressa?

10) O que se entende por Auditoria Contábil?

11) O que se entende por Análise de Balanços?

12) Quais os principais usuários da Contabilidade?

13) Determine o interesse que as pessoas e entidades as seguir têm nas informações geradas pela Contabilidade e compiladas nos Demonstrativos Contábeis.
   * Acionistas majoritário
   * Acionistas minoritários

- Fornecedores em geral

- Financiadores

- Entidades governamentais

- Empregados em geral

- Sindicatos de empregados

- Alta e média administração

14) Qual o campo de aplicação da Contabilidade?

15) O que são aziendas?

16) Quais as funções da Contabilidade?

17) Conceitue:

- Função administrativa da Contabilidade:

- Função econômica da Contabilidade

18) O que são entidades econômico-administrativas?

19) Como se dá o nascimento das Pessoas Jurídicas?

20) Conceitue:

- <u>Controle</u>

- <u>Planejamento</u>

21) Uma empresa é formada pelos órgãos volitivos, diretivos e executivos. Conceitue cada um deles:

- Órgãos volitivos

- Órgão diretivos

- Órgão executivos

Conceito

O patrimônio das empresas é o objeto de estudo e controle da contabilidade e se constitui dos seguintes elementos pertencentes a uma pessoa:

- Bens
- Direitos
- Obrigações

Bens

São coisas úteis que atendem a alguma necessidade humana e que podem ser avaliados economicamente. Através da relação de posse ou propriedade se estabelece a ligação entre uma pessoa e um objeto. Em uma empresa podemos encontrar os mais variados tipos de bens, por isto, é bastante útil agrupá-los segundo algumas classificações.

Classificação dos Bens

- Tangíveis ou intangíveis
- Móveis, imóveis ou semoventes
- De uso ou de consumo
- De venda ou de renda

Bens tangíveis

Também chamados de bens materiais, são aqueles que têm existência física concreta, mantidos pela empresa para uso, consumo, venda, arrendamento ou troca. Exemplos: veículos, máquinas, dinheiro, móveis, material de consumo como papel, lápis, caneta, café, açúcar.

Bens intangíveis

Também chamados de bens imateriais, são aqueles que não têm existência física concreta, não podendo ser tocados. São bens incorpóreos, pois não têm forma de qualquer corpo.

Exemplos: direitos autorais, marcas, patentes de invenção, direitos de exploração e concessões públicas. Estes são direitos que têm por objeto um bem, mas um bem incorpóreo.

O que a empresa registra são os custos para a obtenção dos direitos. Exemplo disso é um software desenvolvido pela empresa ou cujo direito de uso ela adquire.

Bens móveis

São aqueles que podem ser deslocados sem que haja danos aos mesmos. Exemplos: veículos, móveis e utensílios, material de consumo, máquinas e equipamentos, ferramentas.

Bens Imóveis

São aqueles que, regra geral, não podem ser deslocados, sem que haja risco de sofrerem sérios danos. Exemplos: construções e determinados tipos de máquinas. Terrenos também são bens imóveis, mas não há como deslocá-los, evidentemente.

Bens Semoventes

São aqueles que se deslocam por força própria. Exemplos: os animais.

Bens de Uso

São aqueles que não perdem substância ao serem utilizados nas atividades da empresa. Têm vida útil superior a um ano. Exemplos: veículos, equipamentos de informática, sistemas de processamento de dados (software), máquinas, equipamentos.

Bens de Consumo

São aqueles que perdem substância (se consomem) quando utilizados. Têm vida útil inferior a um ano. Exemplos: material de consumo (café, papel, borracha) matérias-primas (lixas, tintas, vernizes), material de embalagem.

Bens de Venda

São as mercadorias (para o comércio) e os produtos acabados (para a indústria), disponibilizados para a comercialização, atendendo à finalidade social da empresa. A venda de mercadorias ou produtos representa a principal fonte de receitas das empresas comerciais ou industriais.

Bens de Renda

São aqueles bens que a empresa, não os utilizando em sua atividade operacional, os disponibiliza ao aluguel, auferindo receita complementar. Máquinas, terrenos e edificações podem ser utilizados para arrendamento pela empresa.

Direitos

São valores que a empresa tem a receber. Esses direitos são oriundos, normalmente, de suas vendas a prazo; entretanto podem ter outras origens.

São alguns exemplos de direitos:

- Duplicatas a Receber
- Promissórias a Receber
- Empréstimos a Receber
- Dividendos a Receber
- Adiantamentos a Fornecedores
- Adiantamentos de Salários
- Aplicações Financeiras
- Despesas Antecipadas
- Impostos a Recuperar

Duplicatas

São títulos emitidos pelo credor e envolvem o aceite do devedor. Portanto, o emissor da duplicata é o credor, aquele que tem o direito a receber pela venda feita a prazo. Em resumo, é o vendedor.

Promissórias

São títulos emitidos pelo devedor, em favor do credor, a fim de garantir uma dívida. Portanto, o emissor da promissória é o devedor.

Dividendos

São parcelas do lucro pagas a acionistas de uma empresa. Ao término de um exercício social, a empresa, havendo lucro, comunica aos seus acionistas o valor que será distribuído para cada ação.

A pessoa, física ou jurídica, investidora daquela empresa que auferiu lucro, receberá sua participação neste resultado na forma de dividendos. Como estes não são pagos pela investida quando se constata o resultado positivo das operações, a investidora deverá registrar em seu patrimônio os *dividendos a receber*. A investida, por sua vez, registra o valor a ser distribuído como *dividendos a pagar*.

Adiantamentos concedidos

São antecipações que a empresa efetua a seus empregados ou fornecedores de bens ou serviços. A antecipação de salário dá à empresa o direito de descontá-lo quando do pagamento do salário do mês. Já a antecipação a fornecedores garante à empresa o direito de receber o bem ou serviço ou, na pior das hipóteses, ser ressarcida pelo valor antecipado.

Aplicações financeiras

São alguns dos investimentos feitos no mercado financeiro. As sobras de caixa que não terão utilização imediata são, normalmente, aplicadas nesse mercado com o intuito de se realizar algum ganho financeiro de curtíssimo prazo.

Despesas antecipadas

São gastos que a empresa efetua (adiantando o valor) a fim de garantir a utilização de um serviço, por determinado período. São exemplos de despesas antecipadas: pagamento de apólices de seguros, pagamento adiantado de aluguéis, de assinaturas, de contratos de publicidade.

Impostos a recuperar

São valores que a empresa tem a receber das fazendas municipais, estaduais ou federal. Esses direitos são oriundos de valores pagos a maior ou pagos indevidamente. Também podem ainda ser fruto da própria dinâmica operacional da empresa em suas relações com os fiscos. O estudo de operações com mercadorias evidencia este aspecto.

Obrigações

São valores que a empresa tem de pagar. São diversas as causas das obrigações. Veja exemplos:

- Duplicatas a Pagar
- Promissórias, Empréstimos ou Financiamentos a Pagar
- Debêntures a Resgatar
- Partes Beneficiárias a Resgatar
- Dividendos a Pagar
- Salários a Pagar
- Impostos a Pagar
- Contas a Pagar
- Receitas Antecipadas (ou Adiantamentos de Clientes)

Receitas antecipadas

Representam valores recebidos de clientes como adiantamentos (parciais ou integrais) que obrigam a empresa a entregar um bem ou prestar um serviço no futuro ou, na pior das hipóteses, ressarcir os clientes pelas quantias recebidas antecipadamente.

Aspectos do Patrimônio

Dizer que o patrimônio é constituído por bens, direitos e obrigações não é suficiente para fornecer informações sobre sua composição. Precisamos, para isto, especificar e quantificar cada um desses componentes. Ou seja, importa conhecer os aspectos qualitativo e quantitativo do patrimônio.

O aspecto qualitativo se refere à necessidade de se *nomear*, ou seja, dizer quais são os bens, direitos e obrigações que formam o patrimônio de uma entidade. Já o aspecto quantitativo reporta-se aos *valores* relativos a cada componente patrimonial.

Por vezes, torna-se necessário especificar também a *quantidade*, além do mero valor. Esse é o caso dos inventários realizados pelas empresas periodicamente para se levantar a quantidade e o valor dos itens existentes nos seus estoques. Veja uma ilustração desses aspectos e confira que se torna bem mais precisa a informação sobre os elementos que compõem esse patrimônio.

ASPECTOS DO PATRIMÔNIO

QUALITATIVO	QUANTITATIVO
<u>Bens</u>	
Dinheiro	R$ 10.000
Móveis	R$ 13.000
Veículos	R$ 30.000
<u>Direitos</u>	
Duplicatas a Receber	R$ 25.000
Adiantamentos a Fornecedores	R$ 12.000
<u>Obrigações</u>	
Salários a Pagar	R$ 21.000
Duplicatas a Pagar	R$ 14.000
Adiantamentos de Clientes	R$ 35.000

Representação Gráfica do Patrimônio

A representação gráfica de um patrimônio é feita através da elaboração de um relatório contábil denominado Balanço Patrimonial. Esse relatório se divide em duas partes: no lado esquerdo relacionamos todos os bens e direitos; no lado direito relacionamos as obrigações. Assim:

BALANÇO PATRIMONIAL	
ATIVO	PASSIVO
Bens e Direitos	Obrigações

Como se observa na ilustração acima, os *bens* e os *direitos*, relacionados à esquerda do relatório, compõem o Ativo do patrimônio, pois se considera que seus componentes "estão em atividade", gerando riqueza para a companhia. Já as *obrigações*, apresentadas à direita do relatório, compõem o Passivo do patrimônio, pois estão em atitude de passividade no que se refere à atividade da empresa. Os elementos do Passivo, obrigações que são, estão apenas aguardando o momento de serem liquidadas (pagas) pela empresa; assim, não se envolvem na atividade produtiva, apenas a financia.

Os Bens e os Direitos são vistos como elementos de conotação positiva do patrimônio, pois são de propriedade da empresa. Já as Obrigações são elementos de conotação negativa, pois são propriedades de terceiros colocados à disposição da empresa.

Ou seja, o Passivo representa as dívidas da empresa. Assim, o Passivo registra de onde vieram os recursos colocados à disposição da empresa, que os aplica na obtenção dos elementos do Ativo. Desta forma, o Passivo representa as origens ou fontes dos recursos.

Os elementos componentes do Ativo são entregues aos órgãos gestores da empresa que, administrando-os com competência, fazem-nos gerar riqueza, que será utilizada no pagamento das obrigações. Havendo lucro, como resultado das operações da empresa, uma parte poderá ser reinvestida na empresa e outra distribuída aos sócios ou acionistas.

Organização do Balanço Patrimonial

Suponha que a empresa Serviços Mecânicos Ltda. tenha, no final do mês de abril, um patrimônio composto pelos seguintes elementos:

ELEMENTOS	VALORES ($)
Dinheiro em caixa	1.300,00
Dinheiro em banco	2.200,00
Valores a receber de clientes	3.000,00
Estoques de peças para reparos	2.500,00
Valores a pagar aos fornecedores	1.400,00
Salários dos empregados	2.900,00
Aluguel da oficina	1.700,00

Agora vamos elaborar o Balanço Patrimonial referente aos elementos acima.

BALANÇO PATRIMONIAL			
Ativo		Passivo	
Caixa	1.300	Duplicatas a Pagar	1.400
Bancos	2.200	Salários a Pagar	2.900
Duplicatas a Receber	3.000	Aluguéis a Pagar	1.700
Estoques	2.500		
Total	9.000	Total	6.000

Observe que foram feitas algumas modificações nos nomes dos elementos, a fim de tornar o relatório patrimonial mais "enxuto". Assim, "Dinheiro em caixa" recebeu o nome de "Caixa", "Valores a receber de clientes" foi nomeado "Duplicatas a Receber", e assim por diante.

Analise o balanço patrimonial e veja as adaptações feitas nos nomes dos elementos.

Essas adaptações são simplificações bastante úteis e recebem o nome de *Contas*. Assim, o elemento patrimonial "Dinheiro em banco" é representado no balanço patrimonial pela conta "Bancos" ou "Bancos Conta de Movimento"; o elemento patrimonial "Estoques de peças para reparos" é representado pela conta "Estoques". Daqui para frente utilizaremos com muito mais frequência o nome que representa a conta ao invés do elemento que ela representa.

O patrimônio dos sócios

Aqui cabe uma pergunta: se essa empresa fosse fechada ela teria condições de liquidar todas as suas obrigações? Sim, bastaria transformar todo o seu Ativo em dinheiro, vendendo os estoques e recebendo o que os clientes lhe devem, e pagar todas as suas obrigações (dívidas). Procedendo dessa forma, ainda sobrariam R$ 3.000, que seriam entregues aos sócios.

Portanto, podemos generalizar e afirmar que o Ativo deve o que possui ao Passivo, pois este forneceu os recursos para a formação daquele. O próximo item esclarece o porquê de a soma dos valores dos componentes do Ativo ser igual à soma dos valores dos componentes do Passivo.

Observação: neste raciocínio há várias simplificações. Uma delas é supor que a empresa receberia tudo que lhe devem e pelo valor registrado. Manteremos estas simplificações por questões didáticas.

E aqui há uma constatação importantíssima para a compreensão da Contabilidade: a diferença entre o Ativo e o Passivo Exigível, se positiva, representa um valor que pertence aos sócios em caso de liquidação da empresa. É, portanto, essa diferença positiva, uma obrigação da empresa para com os sócios. Só que se trata de uma obrigação não exigível (sem data para ser liquidada), no sentido de que não é comum os sócios encerrarem as atividades de uma empresa só para receberem o que sobrar após o pagamento das obrigações.

Equação Fundamental do Patrimônio

O resultado dessa diferença entre os valores do Ativo e do Passivo Exigível recebe o nome de Patrimônio Líquido (PL), e nos conduz à Equação Fundamental do Patrimônio:

$$PL = Ativo - Passivo\ Exigível$$

A partir da equação acima, podemos afirmar que:

$$Ativo = Passivo\ Exigível + PL$$

Como o Passivo é formado pelo Passivo Exigível e pelo Patrimônio Líquido (Passivo não-Exigível), a última equação nos permite afirmar que:

$$ATIVO = PASSIVO$$

Ou seja:

BALANÇO PATRIMONIAL	
ATIVO	PASSIVO EXIGÍVEL
	PATRIMÔNIO LÍQUIDO

O diagrama acima apenas assinala, graficamente, que o Ativo Total corresponde à soma algébrica do Passivo Exigível com o Patrimônio Líquido, e estes dois formam o Passivo Total

Agora podemos reestruturar o Balanço Patrimonial da empresa Serviços Mecânicos Ltda.:

<table>
<tr><td colspan="4" align="center">Balanço patrimonial</td></tr>
<tr><td colspan="2" align="center">Ativo</td><td colspan="2" align="center">Passivo</td></tr>
<tr><td>Caixa</td><td>1.300</td><td>Duplicatas a Pagar</td><td>1.400</td></tr>
<tr><td>Bancos</td><td>2.200</td><td>Salários a Pagar</td><td>2.900</td></tr>
<tr><td>Duplicatas. a Receber</td><td>3.000</td><td>Aluguéis a Pagar</td><td>1.700</td></tr>
<tr><td>Estoques</td><td>2.500</td><td>Patrimônio Líquido</td><td>3.000</td></tr>
<tr><td>TOTAL</td><td>9.000</td><td>TOTAL</td><td>9.000</td></tr>
</table>

Dessa reestruturação concluímos que:

- O Patrimônio Líquido é representado no lado do Passivo, pois é neste grupo que se colocam as obrigações. Nós vimos que este patrimônio líquido é uma obrigação (não exigível) da empresa para com os sócios.
- Agora, a soma dos elementos do Ativo é igual à soma dos elementos do Passivo. O valor do Patrimônio Líquido, adicionado às outras obrigações constantes do Passivo, fez com que este se igualasse ao Ativo. Portanto,

> *é o Patrimônio Líquido que equilibra o Balanço Patrimonial e torna o valor total do Ativo igual ao valor total do Passivo.*

Note bem:

1. O Patrimônio Líquido representa <u>obrigações não-exigíveis</u> e, por ser obrigação, está vinculado ao Passivo. As outras obrigações (duplicatas a pagar, salários a pagar etc.), também chamadas de <u>obrigações exigíveis</u>, têm data certa para serem liquidadas, uma vez que são obrigações com *terceiros*. Assim, o Patrimônio Líquido recebe também o nome de Passivo não-Exigível, enquanto as outras obrigações recebem o nome de Passivo Exigível.

2. O Ativo também é conhecido por Patrimônio Bruto, ou seja, aquilo que é de fato patrimônio pertencente à empresa. A expressão Patrimônio Líquido decorre deste outro conceito do Ativo. Ao se subtrair do Patrimônio Bruto (Ativo) as obrigações exigíveis (Passivo Exigível), tem-se o Patrimônio Líquido.

Veja a seguir uma representação gráfica dessas variações de nomes atribuídos aos três principais grupos patrimoniais:

BALANÇO PATRIMONIAL

ATIVO	PASSIVO
	Passivo Exigível Obrigações Exigíveis

Patrimônio Bruto	Obrigações com Terceiros
	Capital de Terceiros
	Passivo Real
	PATRIMÔNIO LÍQUIDO
	Passivo Não-Exigível
	Obrigações Não-Exigíveis
	Obrigações com os Proprietários
	Capital Próprio
	Passivo Permanente

E o que ocorre quando a diferença entre o Ativo e o Passivo é menor do que zero? Esse assunto será abordado no próximo item.

Estados Patrimoniais

O estudo dos estados patrimoniais se relaciona com as situações assumidas pelo Patrimônio Líquido, que podem se modificar conforme se comportem o Ativo e o Passivo Exigível.

Situação Líquida Superavitária

Suponha um patrimônio com os seguintes elementos:

Total do Bens	R$ 4.000
Total dos Direitos	R$ 5.000
Total das Obrigações Exigíveis	R$ 6.500

Pela Equação Fundamental do Patrimônio, podemos determinar o valor do PL.

PL = Ativo – Passivo Exigível ou

PL = Bens + Direitos – Obrigações, logo:

PL = 4.000 + 5.000 – 6.500 = 2.500

Graficamente, teríamos:

Balanço Patrimonial			
ATIVO		PASSIVO	
Bens	4.000	Obrigações Exigíveis	6.500
Direitos	5.000	**PL**	**2.500**
TOTAL	9.000	TOTAL	9.000

Esta situação, onde o valor total Ativo supera o do Passivo Exigível, recebe o nome de **Situação Líquida Superavitária** ou Situação Líquida Positiva ou Favorável. Trata-se de uma situação em que a venda dos ativos, se feita pelos valores registrados no patrimônio, seria suficiente para liquidar as obrigações, e ainda haveria uma sobra de $ 2.500.

Se PL > 0, então A > PE: Situação superavitária

Situação Líquida Nula

Suponha um patrimônio com os seguintes elementos:

Total do Bens	R$ 4.000
Total dos Direitos	R$ 5.000
Total das Obrigações Exigíveis	R$ 9.000

Pela Equação Fundamental do Patrimônio, podemos determinar o valor do PL.

PL = Ativo – Passivo Exigível ou

PL = Bens + Direitos – Obrigações, logo:

PL = 4.000 + 5.000 – 9.000 = 0

Graficamente, teríamos:

Balanço Patrimonial			
ATIVO		PASSIVO	
Bens	4.000	Obrigações Exigíveis	9.000
Direitos	5.000	**PL**	**0**
TOTAL	9.000	TOTAL	9.000

Esta situação, onde o valor total Ativo se iguala ao valor do Passivo Exigível, recebe o nome de **Situação Líquida Nula**, uma vez que a soma dos componentes do patrimônio líquido é igual a zero. Recebe também os nomes de Situação de Falso Equilíbrio ou de Equilíbrio Aparente. Os valores registrados no ativo são apenas suficientes, para se vendidos, liquidar as obrigações exigíveis.

Se PL = 0, então A = PE: Situação Nula

Situação de Passivo a Descoberto

Suponha um patrimônio com os seguintes elementos:

Total do Bens	R$ 4.000
Total dos Direitos	R$ 5.000
Total das Obrigações Exigíveis	R$ 12.000

Pela Equação Fundamental do Patrimônio, podemos determinar o valor do PL.

PL = Ativo – Passivo Exigível ou

PL = Bens + Direitos – Obrigações, logo:

PL = 4.000 + 5.000 – 12.000 = -3.000

Graficamente, teríamos:

Balanço Patrimonial			
ATIVO		PASSIVO	
Bens	4.000	Obrigações Exigíveis	12.000
Direitos	5.000	**PL**	**-3.000**
TOTAL	9.000	TOTAL	9.000

Esta situação, onde o valor Passivo Exigível supera o valor do Ativo, tornando negativa a soma dos componentes do patrimônio líquido, recebe o nome de Situação Líquida Deficitária ou Negativa. É mais conhecida pelo nome de **Passivo a Descoberto**, pois os recursos do Ativo não são suficientes para cobrir (pagar) as dívidas do Passivo exigível.

Se PL < 0, então A < PE: Passivo a descoberto

Situação de Inexistência de Ativos

Partindo da Terceira Situação, suponha que a empresa venda seus Bens e seus Direitos e com esses recursos liquide parte suas Obrigações, já que não é possível pagar todas. Após essas operações, os componentes patrimoniais ficariam assim:

Total do Bens	R$ 0
Total dos Direitos	R$ 0
Total das Obrigações Exigíveis	R$ 3.000

Pela Equação Fundamental do Patrimônio, podemos determinar o valor do PL.

PL = Ativo – Passivo Exigível ou

PL = Bens + Direitos – Obrigações, logo:

PL = 0 + 0 – 3.000 = -3.000

Graficamente, teríamos:

Balanço Patrimonial			
ATIVO		PASSIVO	
Bens	0	Obrigações Exigíveis	3.000
Direitos	0	**PL**	**-3.000**
TOTAL	0	TOTAL	0

Esta situação, onde há Passivo Exigível e não existe mais valor para o Ativo, tornando (como ocorreu também na Terceira Situação) negativa a soma dos componentes do patrimônio líquido, recebe o nome de Inexistência de Ativos.

É uma situação típica do encerramento de uma empresa por motivo de falência.

Se PL < 0 e A = 0, então PE > 0: Inexistência de Ativos

Situação Líquida Plena

Partindo da Primeira Situação, suponha que a empresa venda seus Bens, receba seus Direitos e liquide suas Obrigações. Após essas operações, os componentes patrimoniais ficariam assim:

Total do Bens	R$ 0
Total dos Direitos	R$ 2.500
Total das Obrigações Exigíveis	R$ 0

Pela Equação Fundamental do Patrimônio, podemos determinar o valor do PL.

PL = Ativo – Passivo Exigível ou

PL = Bens + Direitos – Obrigações

Logo: PL = 0 + 2.500 – 0 = 2.500

Graficamente, teríamos:

Balanço Patrimonial			
ATIVO		PASSIVO	
Bens	0	Obrigações Exigíveis	0
Direitos	2.500	**PL**	**2.500**
TOTAL	2.500	TOTAL	2.500

Esta situação, onde não há obrigações exigíveis, mas existe Ativo, tornando positiva a soma dos componentes do patrimônio líquido, recebe o nome de Situação Plena ou Propriedade Total dos Ativos.

É uma situação típica do início das operações de uma empresa, quando o que existe é apenas o investimento inicial feito pelos sócios. No instante inicial de criação da empresa, normalmente não há dívidas.

Se A = PL, então PE = 0: Situação Plena (Propriedade Total dos Ativos)

Diferença Patrimônio Líquido e Situação Líquida

As duas expressões são muito usadas para representar a diferença entre o Ativo (Bens + Direitos) e o Passivo Exigível (Obrigações), mas no nosso entendimento este uso não é adequado. Vamos explicar isto.

O Balanço Patrimonial se divide em dois grandes grupos: Ativo e Passivo. O Passivo, por sua vez se divide em Passivo exigível e Patrimônio Líquido. Já o Patrimônio Líquido é composto por outros itens, como Capital Social, Lucros Retidos, Prejuízos Acumulados e Reservas, por exemplo.

A soma dos valores dos elementos componentes do Patrimônio Líquido é igual à diferença entre soma dos elementos do Ativo e a soma dos elementos do Passivo Exigível: PL = A − PE. Esta equação pode nos conduzir às seguintes situações:

- Se PL > 0, então temos a Situação Líquida Positiva (SL > 0)
- Se PL = 0, então temos a Situação Líquida Nula (SL = 0)
- Se PL < 0, então temos a Situação Líquida Negativa (SL < 0)

Assim, podemos verificar que Patrimônio Líquido é *grupo patrimonial*, enquanto Situação Líquida é um *estado patrimonial*, determinado pelo valor do Patrimônio Líquido. Então, para uma empresa na qual o Patrimônio Líquido tem a soma dos seus componentes maior do que zero, concluímos que esta empresa possui uma Situação Líquida positiva.

Os Componentes do Patrimônio Líquido

Até aqui estudamos com mais detalhes os componentes do Ativo e do Passivo Exigível, enquanto apenas comentamos a existência do Patrimônio Líquido e a situação líquida a que ele conduz. Pois bem, vamos agora discorrer um pouco mais sobre o grupo do Patrimônio Líquido, que já sabemos pertencer aos proprietários no caso de encerramento das atividades da companhia.

O Capital Social

Quando pessoas se reúnem para formar uma empresa, uma das primeiras providências é entregar uma certa quantidade de recursos para o empreendimento. Esse é o investimento inicial que os sócios fazem no negócio e que é necessário para que a empresa inicie suas atividades. Pois bem, esse aporte feito pelos sócios na forma de bens (principalmente dinheiro) ou direitos recebe o nome de Capital Social. O Capital Social poderá ao longo da existência da empresa sofrer alterações para mais ou para menos pelos mais variados motivos.

As Reservas

Os lucros auferidos pela empresa são distribuídos aos sócios, mas nem sempre integralmente. Uma parte desses lucros pode ser utilizada para aumentar o capital social. Outra é retida pela empresa a fim de ser reinvestida no negócio. Essa retenção de lucros para reinvestimentos caracteriza a formação de Reservas de Lucros.

Existem outros tipos de reservas, como as de capital que são originadas em atividades não relacionadas com as atividades operacionais. Por enquanto, basta este conceito do que são as reservas. O Patrimônio Líquido também possui outros elementos, que posteriormente serão estudados.

Exercício

Para as empresas A, B e C a seguir, o valor do Ativo é de R$ 30.000. Determine o valor do Passivo Exigível.

PATRIMÔNIO LÍQUIDO	A	B	C
Capital Social	10.000	10.000	10.000
Reservas	5.000	0	0
Lucros Acumulados	1.000	(10.000)	(12.000)
TOTAL	**16.000**	**0**	**(2.000)**

A solução é determinada a partir da Equação Fundamental do Patrimônio:

PL = A – PE, de onde se define que **PE = A – PL**

- Para a Empresa A, tem-se: PE = 30.000 – 16.000 = 14.000
- Para a Empresa B, tem-se: PE = 30.000 – 0 = 30.000
- Para a Empresa C, tem-se: PE = 30.000 – (– 2.000) = 32.000

Diferentes conceitos de Capital

O Capital Social

Como já vimos, representa o investimento inicial feito pelos sócios. Mas esse conceito é muito restrito. Vamos expandi-lo para conhecermos as diversas espécies de Capital Social.

Capital Subscrito

Suponha que duas pessoas se associem para criar uma empresa. A primeira providência é elaborar um documento de constituição da mesma e registrá-lo no órgão do comércio (Junta Comercial ou Cartório). Aceitemos a hipótese de que esse documento seja um Contrato Social, cujo registro se dá na Junta Comercial.

Através do contrato social os dois sócios se comprometem a entregar para a empresa a quantia total de R$ 10.000,00. Este é o Capital Subscrito, ou seja, prometido através da assinatura do contrato social.

Capital Realizado e Capital a Realizar

Da quantia prometida os sócios entregam R$ 7.000,00. Esta parcela corresponde ao Capital Realizado ou Integralizado. O restante, R$ 3.000,00, corresponde ao Capital a Realizar ou a Integralizar.

Os três conceitos acima, compõem o conceito maior de Capital Social, que está representado a seguir:

Capital Social

Capital Subscrito	10.000,00
(-) Capital a Realizar	(3.000,00)
(=) Capital Realizado	7.000,00

A representação gráfica desse patrimônio fica assim:

Balanço Patrimonial

ATIVO		PASSIVO	
Caixa	7.000		
		PATRIMÔNIO LÍQUIDO	
		Capital Subscrito	10.000
		(-) Cap. a Realizar	(3.000)
TOTAL	7.000	TOTAL	7.000

Quanto todo o capital for integralizado, ele passa a ter indistintamente os seguintes nomes:

- Capital Social
- Capital Nominal
- Capital Subscrito
- Capital Realizado

Capital Autorizado

Qualquer alteração no Capital Social só pode ser feita mediante alteração no Contrato Social, no Registro ou no Estatuto Social, dependendo do tipo de empreendimento. Esta alteração deve ser registrada na Junta Comercial ou no Cartório do Registro Civil das Pessoas Jurídicas.

Para as Sociedades Anônimas, a Lei 6.404/76 instituiu a figura jurídica do Capital Autorizado, que é um limite até onde a diretoria pode aumentar o Capital Social sem ter de convocar uma assembleia dos acionistas para votar a modificação no estatuto.

Suponha que a empresa do exemplo anterior tenha um Capital Autorizado de R$ 50.000,00. A configuração de seu capital ficará assim:

Capital Autorizado	50.000,00
(-) Capital a Subscrever	(40.000,00)
(=) Capital Subscrito	10.000,00
(-) Capital a Realizar	(3.000,00)
(=) Capital Realizado	7.000,00

Capital Próprio

É o conjunto de recursos que a empresa dispõe e que pertence aos proprietários em caso de extinção da empresa. Ou seja, é o Patrimônio Líquido, formado por, entre outros:

- Capital Social
- Reservas
- Prejuízos Acumulados

As principais fontes do Capital Próprio são os acionistas (que entram com o Capital Social) e o lucro, obtido das operações da empresa. Esse lucro será utilizado para pagar impostos, distribuir dividendos entre os acionistas, formar reservas. E havendo prejuízos em exercícios anteriores, eles poderão ficar registrados na conta Prejuízos Acumulados.

Capital de Terceiros

São recursos que entram na empresa provenientes de pessoas estranhas ao seu capital. As fontes desses recursos são:

- Financiadores ou emprestadores de capital, como bancos (fontes de financiamento) e
- Fornecedores de materiais ou mercadorias (fontes de funcionamento).

O Capital de Terceiros é representado pelas obrigações exigíveis, ou seja, o Passivo Exigível.

Capital Total à Disposição da Entidade

Representa o Passivo Total, ou seja, a soma do Passivo Exigível com o Patrimônio Líquido. Ou ainda, a soma do Capital de Terceiros com o Capital Próprio.

Origens e Aplicações de Recursos

Observe o patrimônio a seguir:

Balanço Patrimonial			
ATIVO (+)		PASSIVO (-)	
Bens		Obrigações	
Caixa	1.000	Salários a Pagar	2.000
Veículos	12.000	Fornecedores	5.000
Móveis	3.000	PATRIMÔNIO LÍQUIDO	
Direitos		Capital Social	10.000
Duplicatas a Receber	4.000	Reservas de Lucros	3.000
TOTAL	20.000	TOTAL	20.000

Este relatório demonstra, graficamente, o patrimônio de uma empresa e é chamado Balanço Patrimonial. Dele podemos tirar algumas observações relevantes:

- Está dividido em dois lados. O da esquerda relaciona os bens e direitos e se chama ATIVO. O da direita relaciona as obrigações e se chama PASSIVO.

- O Passivo está dividido em dois blocos: Obrigações (com terceiros) e Patrimônio Líquido (obrigações com os proprietários).

- O ATIVO tem conotação positiva, pois representa o PATRIMÔNIO BRUTO da empresa. Já o PASSIVO tem conotação negativa, uma vez que relaciona as dívidas da empresa.

- A soma total do Ativo é igual à soma total do Passivo.

O Passivo representa as Origens de Capitais: de terceiros (as Fontes Externas) e dos proprietários (as Fontes Internas). Mostra onde a empresa conseguiu recursos para exercer suas atividades. No Balanço Patrimonial acima, as origens de recursos totalizam R$ 20.000,00, sendo:

- Fontes Externas - R$ 7.000,00 de terceiros (salários a pagar e fornecedores)

- Fontes Internas - R$ 13.000,00 dos proprietários (capital social e reservas de lucros)

O Ativo representa a aplicação em bens e direitos dos recursos captados. Mostra onde a empresa aplicou os recursos registrados no Passivo. No Balanço Patrimonial acima, as aplicações de recursos totalizam R$ 20.000, sendo:

- R$ 16.000,00 em Bens (Caixa, Veículos e Móveis) e

- R$ 4.000,00 em Direitos (Duplicatas a Receber)

Como não há uma aplicação de recursos sem que tenha havido uma origem, concluímos que o valor total do Passivo (Origem de Recursos) deve ser sempre ao valor total do Ativo (Aplicação de Recursos).

Documentos fiscais e de negócios

Vamos agora conhecer alguns documentos envolvidos nas operações comerciais.

Nota Fiscal

É um documento obrigatório que deve ser emitido pelos estabelecimentos sempre que estes promoverem a saída de mercadorias ou a prestação de serviços. Além de servir para documentar a transação, a nota fiscal serve de suporte ao recolhimento de impostos.

A nota fiscal facilita a fiscalização das autoridades tributárias.

No momento em que escrevo este texto, a emissão de notas fiscais está regulamentada na Lei nº 8.846/94, uma lei ordinária federal e, portanto, mais preocupada com os tributos federais, como imposto de renda e contribuição social sobre o lucro líquido.

Quem pode emitir nota fiscal?

Apenas as pessoas jurídicas ou equivalentes quem têm inscrição estadual, que é obtida no processo de abertura do CNPJ da empresa junto à Receita Federal. Será necessário também se certificar se a empresa estará obrigada a emitir notas fiscais físicas ou eletrônicas.

A emissão de notas fiscais físicas exige a Autorização para Impressão de Documentos Fiscais (AIDF).

A emissão da Nota Fiscal Eletrônica (NF-e) exige a habilitação na Secretaria de Estado da Fazenda (Sefaz) e um sistema de gestão que possibilite a emissão de documentos.

Tipos de notas ficais

- NF-e (Nota Fiscal Eletrônica):
    - NF-e Complementar
    - NFS-e (Nota Fiscal de Serviços Eletrônica)
    - NFC-e (Nota Fiscal Eletrônica do Consumidor)

- DANFE (Documento Auxiliar da Nota Fiscal Eletrônica)

- CT-e (Conhecimento de Transporte Eletrônico)

Principais modelos de notas fiscais

- Nota Fiscal (Modelo 1 ou 1-A): utilizada pelos contribuintes do IPI e do ICMS

- Nota Fiscal de Venda a Consumidor (Modelo 2): emitida para o cliente que adquire a mercadoria ou o serviço.

- Nota Fiscal de Produtor (Modelo 4): serve para comprovar operações rurais e trazer benefícios para os produtores.

- Nota Fiscal de Energia Elétrica (Modelo 6): vinculada às operações das distribuidoras de energia elétrica.

Principais modelos de notas fiscais eletrônicas

- Nota Fiscal Eletrônica (NF-e): emitida por todas as empresas que comercializam produtos e serviços (uma concessionária de automóveis).

- Nota Fiscal Complementar: acrescenta dados e valores que não foram incluídos no documento principal.

- Nota Fiscal de Serviço Eletrônica (NFS-e): emitida por empresas prestadoras de serviços, como hotéis, assistências técnicas, transportadoras, limpeza.

- Nota Fiscal eletrônica do Consumidor (NFC-e): destinada ao consumidor final. Usada em substituição à nota fiscal modelo 2.

- DANFE (Documento Auxiliar da Nota Fiscal Eletrônica): traz as principais informações da nota fiscal eletrônica. Útil para acompanhar o transporte das mercadorias.

Fatura

É um documento de caráter essencialmente comercial que deve ser emitido nas vendas a prazo com vencimento superior a 30 dias. A Fatura discriminará as mercadorias vendidas ou, quando convier ao vendedor, indicará somente os números e valores das Notas parciais expedidas por ocasião das vendas, despachos ou entrega de mercadorias.

A principal finalidade da Fatura é informar ao comprador a relação das Notas Fiscais correspondentes às compras, bem como a data em que o cliente deverá efetuar o pagamento, em uma única vez ou em parcelas.

Duplicata

É um título de crédito que pode ser emitido pelas empresas sempre que efetuarem vendas de mercadorias a prazo. Ou seja, a emissão é feita pelo credor originário, aquele que fez a venda a prazo. Constitui instrumento de prova do contrato de compra e venda. É regulada pela Lei nº 5.474/68, a Lei das Duplicatas.

A duplicata tem este nome por corresponder à cópia da Fatura. Ela conterá:

- a denominação "Duplicata", a data de sua emissão e o número de ordem;

- o número da Fatura;

- a data certa do vencimento ou a declaração de ser Duplicata à vista;

- o nome e domicílio do vendedor e do comprador

- a importância a pagar, em algarismos e por extenso;

- a praça de pagamento;

- a cláusula à ordem;

- a declaração do reconhecimento de sua exatidão e da obrigação de pagá-la, que é assinada pelo comprador como aceite cambial;

- a assinatura do emitente (sacador)

A Duplicata garante ao vendedor (fornecedor) o direito de receber do comprador (cliente) o valor da venda de mercadorias efetuadas a prazo, constante da respectiva Fatura.

Para cada Fatura deve corresponder uma Duplicata, sendo vedada a emissão de uma só Duplicata para englobar várias Faturas.

Nos casos de vendas para pagamento em parcelas, deverá ser emitida a Duplicata única em que se discriminarão todas as prestações e os vencimentos ou série de Duplicata para cada prestação.

Após a emissão da Duplicata, o cliente deverá assiná-la. A esta assinatura dá-se o nome de *aceite*. Com o aceite do comprador, a Duplicata garantirá ao vendedor o recebimento do valor da referida venda.

Nota Promissória

É um título de crédito que representa uma promessa de pagamento. É emitida, por exemplo, sempre que:

- uma pessoa ou empresta ou toma emprestado dinheiro de bancos ou de financeiras;
- um particular vende ou compra imóveis a prazo;
- um particular vende ou compra veículos a prazo.

O nascimento da promissória exige pelo menos duas partes: o emitente ou subscritor, que é o devedor e criador da nota promissória; e o beneficiário ou tomador, que é o credor do título.

Quando se trata de um empréstimo, a pessoa que empresta o dinheiro pode exigir do devedor um avalista (uma terceira pessoa que o devedor deve trazer para assinar também a Promissória, comprometendo-se a pagá-la, caso o devedor não o faça). O aval pode ser dado por uma ou mais pessoas, que assinarão no verso da Nota Promissória.

Portanto, na emissão de uma Nota Promissória geralmente estão envolvidas três pessoas:

- favorecido ou beneficiário – quem empresta o dinheiro (o credor);
- emitente – quem toma o dinheiro emprestado (o devedor);
- avalista – quem se compromete a pagar, caso o emitente não o faça.

A nota promissória pode ser transferida por endosso.

Exercícios do Capítulo 2 – Parte 1

1. O que é o Patrimônio do ponto de vista contábil?

2. O que são Bens?

3. Dê três classificação dos Bens.

4. O que são bens tangíveis? Dê três exemplos.

5. O que são bens intangíveis? Dê três exemplos.

6. O que são bens móveis? Dê três exemplos.

7. O que são bens imóveis? Dê três exemplos.

8. O que são bens semoventes? Dê três exemplos.

9. Qual a diferença entre bens de uso e bens de consumo? Dê três exemplos de cada.

10. Qual a diferença entre bens de venda e bens de renda? Dê três exemplos de cada.

11. O que são direitos? Dê cinco exemplos.

12. Qual a diferença entre duplicatas e promissórias? Quando se justifica o uso de cada uma delas?

13. O que são dividendos? Quando eles representam um direito? Quando eles representam uma obrigação?

14. Qual a diferença entre Adiantamentos a Fornecedores e Adiantamentos de Clientes?

15. Bens da empresa em poder de terceiros representam bens ou direitos? Por quê?

16. Por que Aplicações Financeiras representam direitos?

17. Por que as Despesas Antecipadas representam direitos?

18. Cite duas situações em que a empresa tem direito a recuperar impostos?

19. O que são Obrigações?

20. As obrigações representam, para o obrigado, uma relação de débito ou de crédito com o favorecido?

21. Por que as Receitas Antecipadas são obrigações da empresa? Qual outro nome para essas obrigações?

22. Explique o aspecto qualitativo do patrimônio.

23. Explique o aspecto quantitativo do patrimônio.

24. O que é o Balanço Patrimonial? Quando ele deve ser elaborado?

25. Quantas e quais são as partes em que se divide o Balanço Patrimonial?

26. O que representa o Ativo de uma empresa? E o Passivo?

27. O que é Patrimônio Bruto? E Patrimônio Líquido?

28. Por que o Ativo representa elementos de conotação positiva e o Passivo elementos de conotação negativa?

29. Qual grupo do Balanço Patrimonial representa as Origens de Recursos? Por quê?

30. Qual grupo do Balanço Patrimonial representa as Aplicações de Recursos? Por quê?

31. Por que o total do Ativo deve ser igual ao total do Passivo?

32. Se o Ativo totaliza R$ 15.000 e o Passivo Exigível, R$ 8.000, quanto vale o Patrimônio Líquido?

33. Elabore um Balanço Patrimonial onde o Patrimônio Líquido seja igual a R$ 12.000.

34. Qual grupo do Balanço Patrimonial representa as obrigações não-exigíveis?

35. Qual grupo do Balanço Patrimonial representa as origens de recursos de terceiros? E dos proprietários?

36. Em qual grupo do Balanço Patrimonial estão as aplicações de recursos?

37. Quando um patrimônio apresenta situação líquida

    a) Nula?

    b) Superavitária?

    c) de Passivo a Descoberto?

    d) Plena?

    e) Inexistência de Ativos?

38. Para cada uma das situações acima, elabore um Balanço Patrimonial com três bens, dois direitos e quatro obrigações.

39. Quais são os componentes do Patrimônio Líquido?

40. Quais nomes podem ser atribuídos ao Capital Social?

41. Qual o tipo de sociedade que pode ter Capital Autorizado? Mencione o dispositivo legal.

42. O que é Capital

    a) Subscrito?

    b) A Realizar?

43. O que são Lucros Retidos? E Prejuízos Acumulados?

44. O que são Reservas de Capital? E Reservas de Lucros? E Reservas Legais?

45. Qual o instrumento de constituição das

    a) Sociedades Limitadas?

    b) Sociedades Anônimas?

46. Defina

    a) Capital Próprio

    b) Capital de Terceiros

    c) Capital Total à Disposição da Empresa

    d) Capital Circulante

    e) Capital Fixo

    f) Passivo Real

    g) Passivo Permanente

47. O que são Fontes de Financiamento? Dê três exemplos.

48. O que são Fontes de Funcionamento? Dê três exemplos.

49. Imposto de Renda da Pessoa Jurídica é Origem ou Aplicação de Recursos? Por quê?

50. Imposto de Renda Retido na Fonte a Recuperar é Origem ou Aplicação de Recursos? Por quê?

Exercícios do Capítulo 2 –

Parte 2

1) Relacione a coluna da direita com a da esquerda:

- a) Bens Intangíveis   (   ) Adiant. a Fornecedores
- b) Obrigações   (   ) Adiant. de Clientes
- c) Direitos   (   ) Benf. Imóv de Terceiros
- d) Bens Tangíveis   (   ) Lucros Acumulados
- e) Capital Próprio   (   ) Caminhão

2) Assinale a alternativa que contém apenas Direitos:

- a) Mesas, Cadeiras e Ventiladores
- b) Duplicatas a Receber, Adiantamentos a Fornecedores, Adiantamentos de Salários
- c) Duplicatas a Pagar, Impostos a Recuperar, Receitas Diferidas
- d) Imposto a Recuperar, Duplicatas a Receber, Adiantamentos de Fornecedores
- e) Duplicatas, Promissórias, Títulos a Receber

3) Complete:

- a) O aspecto qualitativo consiste em .... os Bens, Direitos e Obrigações.

- b) O aspecto quantitativo consiste em .... os Bens, Direitos e Obrigações.

4) Coloque V se a afirmativa for verdadeira e F se for falsa.

( ) Ativo e Passivo compõem o Patrimônio da empresa.

( ) O Passivo é composto por elementos negativos.

( ) O Ativo é composto por elementos positivos.

( ) O Patrimônio Bruto corresponde ao Ativo.

( ) O valor dos Bens ao ser subtraído do valor das Obrigações, resulta no Patrimônio Líquido.

5) Complete:

a) A importância paga pelo ponto comercial acima do valor contábil é chamada de ....

b) A parcela do lucro destinada a absorver eventuais prejuízos e proteger o capital social forma a ....

c) A Reserva Legal está prevista no artigo no .... da Lei 6.404/76.

6) Obedecendo à legenda abaixo, classifique os elementos constantes do quadro a seguir.

   a) Para a coluna "A" escolha entre Bens ou Direitos ou Obrigações
   b) Para a coluna "B" escolha entre Ativo ou Passivo ou Patrimônio Líquido
   c) Para a coluna "C" escolha entre Origem ou Aplicação

Elementos	A	B	C
Dinheiro em Caixa	*Bem*	*Ativo*	*Aplicação*
Mercadorias			
Duplicatas a Receber			
Duplicatas a Pagar			
Estoques			
Seguros a Vencer			
Juros a Vencer			
Aluguéis a Vencer			
Aplicações em Incentivos Fiscais			
Empréstimos a Diretores			
Empréstimos de Diretores			
Obras de Artes			
Adiantamento de Clientes			
Impostos a Recolher			
Impostos a Pagar			
Móveis			
Máquinas			
Imóveis			
Depreciação Acumulada			
Reserva Legal			
Ágio na Emissão de Ações			
Benfeitorias Imóveis de Terceiros			
Amortização Acumulada			
Duplicatas Descontadas			
Provisão p/ Devedores Duvidosos			
Marcas e Patentes			

Provisão para Ajuste de Estoque			
Debêntures a Pagar			
Alienação de Partes Beneficiárias			
Financiamentos			
Mercadorias			

7) Represente os elementos a seguir em um Balanço Patrimonial, apure o Patrimônio Líquido e determine a situação líquida e o estado patrimonial.

Caixa: 2000; Móveis e Utensílios: 300; Empréstimos a Pagar: 1.700; Imóveis: 3.000; Salários a Pagar: 200; Clientes: 700.

8) Represente os elementos a seguir em um Balanço Patrimonial, apure o Patrimônio Líquido e determine a situação líquida e o estado patrimonial.

Bancos: 100; Equipamentos: 100; Empréstimos de Sócios: 200; Contribuições Sociais a Recolher: 500; Terrenos: 400; Instalações: 200; Adiantamentos de Clientes: 700; Adiantamentos a Fornecedores: 50; Seguros a Vencer: 50.

9) Represente os elementos a seguir em um Balanço Patrimonial, apure o Patrimônio Líquido e determine a situação líquida e o estado patrimonial.

Terrenos: 60.000; Imóveis: 15.000; Empréstimos de Sócios: 50.000; Empréstimos a Diretores: 30.000; Impostos a Recolher: 10.000; Salários a Pagar: 10.000.

10) Represente os elementos a seguir em um Balanço Patrimonial, apure o Patrimônio Líquido e determine a situação líquida e o estado patrimonial.

Terrenos: 40.000; Máquinas e Equipamentos: 30.000; Móveis e Utensílios: 20.000; Veículos: 24.000; Instalações: 5.000; Bancos Conta Movimento: 40.000; Caixa: 28.000; Mercadorias em Estoque: 48.000; Duplicatas a Receber: 12.000; Promissórias a Receber: 13.000; Fornecedores: 35.000; Financiamentos de Longo Prazo: 80.000; Salários a Pagar: 38.000; Encargos Sociais a Recolher: 10.000; Impostos a Pagar: 30.000; Adiantamentos de Clientes: 49.000.

11) Represente os elementos a seguir em um Balanço Patrimonial, apure o Patrimônio Líquido e determine a situação líquida e o estado patrimonial.

Caixa: 4.500; Bancos: 8.000; Duplicatas a Pagar: 5.000; Imóveis: 16.000; Reservas: 2.000; Capital Social: 20.000; Salários a Pagar: 2.500; Importações em Andamento: 12.000; Mercadorias: 15.000; Impostos a Pagar: 2.500; Encargos Sociais a Pagar: 1.000; Capital a Realizar: 3.000; Adiantamentos de Clientes: 9.700; Empréstimos a Sócios: 3.200; Adiantamentos a Fornecedores: 5.300, Comissões de Vendedores a Pagar: 8.000; Terrenos para Futura Expansão: 3.800.

3 – ESCRITURAÇÃO POR BALANÇOS SUCESSIVOS

Objetivos

- Compreender as operações que envolvem apenas contas patrimoniais
- Compreender as operações que envolvem contas de resultado
- Registrar os fatos contábeis usando a técnica dos balanços sucessivos
- Apurar o resultado dentro do grupo do patrimônio Líquido
- Fazer as operações de encerramento do exercício

A técnica dos balanços sucessivos nos permite verificar o que ocorre com no balanço patrimonial a cada operação registrada. Ao compreender o efeito que as operações causam no principal relatório gerado pela contabilidade, os ganhos de aprendizado são evidentes.

Esta técnica de escrituração permite que se verifique quando cada grupo do balanço patrimonial aumenta ou diminui e que reflexos estas variações têm no Patrimônio Líquido (PL).

Ao apurarmos o resultado das operações dentro do patrimônio líquido, fazemos uma simplificação do que ocorre quando a empresa confronta receitas com despesas. Este confronto, na realidade, deve ser exposto em um relatório separado, a Demonstração do Resultado do Exercício (DRE), onde se determina o resultado das operações.

Se as receitas forem maiores que as despesas se tem lucro, caso contrário apura-se prejuízo. Este resultado deve ser informado no balanço patrimonial dentro do grupo do patrimônio líquido. Esta sim é a forma correta de se tratar as receitas e despesas. Entretanto, neste capítulo, vamos registrar todas as operações, sejam elas patrimoniais ou de resultado, dentro do balanço patrimonial.

As *operações patrimoniais* ocupam a maior parte dos registros nesta lição e envolvem apenas as contas de ativo, passivo e patrimônio líquido.

As operações de resultado, que aqui são minoria, são aquelas que envolvem pelo menos uma conta de receita ou despesa e afetam o patrimônio líquido.

Operações apenas com contas patrimoniais

As operações patrimoniais movimentam apenas as contas representativas de bens, direitos e obrigações. Ou seja, as contas que aparecem no balanço patrimonial.

A escrituração dos fatos contábeis se dá a partir de documentos que formalizam as operações, como notas fiscais, duplicatas, promissórias. A partir destes documentos se faz o registro no Livro Diário, o principal da contabilidade. E deste livro a informação é transcrita para outros livros, como o Livro-Razão. O passo seguinte é a análise das operações através do balancete de verificação e, estando tudo correto, preparam-se os relatórios contábeis, como o balanço patrimonial.

Mesmo consciente de que esta sequência deve ser obedecida quando da escrituração dos fatos contábeis e da exposição da situação econômica da empresa, eu vou fazer diferente neste momento, apenas para fins didáticos. Vou deixar de lado esta sequência e partir para a escrituração diretamente no balanço patrimonial, a fim de mostrar como as operações da vida das empresas afetam sua situação econômica imediatamente.

Fazendo assim, posso mostrar como as operações movimentam as contas dentro do balanço patrimonial. Será possível ver as contas do ativo, do passivo e do patrimônio líquido se alterando a cada registro de um fato contábil. E assim, entender a dinâmica contábil que ocorre ao acompanhar o dia a dia das empresas.

Dinâmica patrimonial <u>sem</u> variação no PL

Todos os registros ocorrem através das contas que estão elencadas no plano de contas da empresa. E aqui, vamos utilizar inicialmente as contas do balanço patrimonial. Depois usaremos as contas que aparecem na demonstração de resultado.

Na primeira operação que registraremos, vamos acompanhar a abertura de uma empresa. Os sócios entregam os recursos necessários para a sua constituição.

1ª Operação – Constituição de uma empresa

Constituição da empresa Entregas Rápidas Ltda., com um capital inicial de R$ 100.000, depositados em conta corrente.

É necessário determinar, primeiro, as contas que serão utilizadas no registro da operação. Neste caso, são as contas Bancos Conta Movimento (que chamaremos apenas de Bancos) e Capital Social. A conta Bancos irá registrar o valor depositado na conta corrente e a conta Capital Social indicará o investimento inicial feito pelos sócios.

A conta Bancos pertence ao ativo e a conta Capital Social ao patrimônio líquido. Ambas terão seus valores aumentados. Na verdade, elas ainda não têm qualquer saldo, pois a empresa está sendo criada através deste lançamento.

BALANÇO PATRIMONIAL			
ATIVO		PASSIVO	
Bancos	100.000		
		PATRIMÔNIO LÍQUIDO	
		Capital Social	100.000
TOTAL	100.000	TOTAL	100.000

Observações:

- Veja que a conta Bancos foi aumentada em R$ 100.000 e, simultaneamente, Capital Social também aumentou em R$ 100.000

- Assim, tivemos um aumento no ativo e, também, no patrimônio líquido.

- Como o patrimônio líquido se alterou, esta operação é vista como um fato modificativo

- O patrimônio líquido se alterou para maior, pois era zero e agora é 100 mil. Portanto, este é um fato modificativo aumentativo.

- O total do ativo é igual ao total do passivo, em 100.000.

- A Equação Fundamental da Contabilidade (PL = A – PE) permanece válida, pois 100.000 = 100.000 - 0.

2a Operação – Compra à vista

Aquisição de dois veículos iguais, para entrega de encomendas, por R$ 48.000, mediante pagamento à vista.

É fácil perceber que as contas envolvidas são Veículos e Bancos.

BALANÇO PATRIMONIAL		
ATIVO		PASSIVO
Bancos	52.000	
Veículos	48.000	PATRIMÔNIO LÍQUIDO
		Capital Social 100.000
TOTAL	100.000	TOTAL 100.000

Observações:

- Veja que a conta Bancos foi diminuída em R$ 48.000 que foram utilizados para pagar o veículo adquiro à vista.

- A conta Veículos entrou no balanço patrimonial para receber o valor relativo à aquisição deste bem. Ela recebeu o valor do bem comprado, ou seja R$ 48.000.

- Assim, tivemos um aumento no ativo e uma redução também no ativo.

- Como o patrimônio líquido não se alterou, esta operação é vista como um fato permutativo. Realmente, a operação causou apenas uma permutação de valores entre componentes do ativo.

- O total do ativo é igual ao total do passivo, em 100.000.

- A Equação Fundamental da Contabilidade (PL = A – PE) permanece válida, pois 100.000 = 100.000 - 0.

3a Operação – Compra a Prazo

Aquisição de cadeiras, mesas, armários, cestos de lixo e outros móveis e objetos típicos de escritórios, por R$ 5.000, para pagamento em duas parcelas.

As contas a serem utilizadas são Móveis e Utensílios e Contas a Pagar. A entrada desses objetos fará surgir a conta Móveis e Utensílios. A compra acarreta uma dívida para a empresa, representada por Contas a Pagar.

BALANÇO PATRIMONIAL			
ATIVO		**PASSIVO**	
		Contas a Pagar	5.000
Bancos	52.000		
Veículos	48.000	**PATRIMÔNIO LÍQUIDO**	
Móveis e Utensílios	5.000	Capital Social	100.000
TOTAL	105.000	TOTAL	105.000

Observações:

- A conta Móveis e Utensílios entrou no balanço patrimonial para receber o valor relativo à aquisição destes bens, ou seja, R$ 5.000.

- A conta Contas a Pagar entrou no balanço patrimonial para receber o valor da obrigação assumida pela empresa. Esta conta de passivo foi aberta no valor de R$ 5.000.

- Assim, tivemos um aumento no ativo e um aumento no passivo exigível, de mesmo valor.

- Como o patrimônio líquido não se alterou, esta operação é vista como um fato permutativo. Realmente, a operação causou apenas uma permutação de valores entre componentes do ativo e do passivo.

- O total do ativo é igual ao total do passivo, em 105.000.

  - A Equação Fundamental da Contabilidade (PL = A – PE) permanece válida, pois 100.000 = 105.000 - 5.000.

4ª Operação – Venda a Prazo

Venda de um dos veículos pelo seu valor de custo (R$ 24.000), para recebimento em três parcelas.

Analisando a operação concluímos que uma das contas a ser utilizada é Veículos e a outra é Contas a Receber, pois a venda foi a prazo.

As duas contas são do ativo, fazendo perceber que haverá uma permutação de valores: sai um bem (veículo) entra um direito (contas a receber).

BALANÇO PATRIMONIAL

ATIVO		PASSIVO	
		Contas a Pagar	5.000
Bancos	52.000		
Contas a Receber	24.000	PATRIMÔNIO LÍQUIDO	
Veículos	24.000	Capital Social	100.000
Móveis e Utensílios	5.000		
TOTAL	105.000	TOTAL	105.000

Observações:

- A conta Veículos foi diminuída em R$ 24.000 devido à baixa que foi dada pela venda de um dos veículos. Tinha saldo de R$ 48.000 antes da baixa.

- A conta Contas a Receber entrou no balanço patrimonial para informar o valor que a empresa tem a receber pela venda a prazo do veículo. A conta foi aberta com R$ 24.000.

- Assim, tivemos um aumento no ativo (Contas a Receber) e uma redução também no ativo (Veículos).

- Como o patrimônio líquido não se alterou, esta operação é vista como um fato permutativo. Realmente, a operação causou apenas uma permutação de valores entre componentes do ativo.

- O total do ativo é igual ao total do passivo, em 105.000.

- A Equação Fundamental da Contabilidade (PL = A − PE) permanece válida, pois 100.000 = 105.000 - 5.000.

5ª Operação – Saque em conta bancária

Saque em conta corrente de R$ 10.000.

Aqui, a empresa fará um saque em sua conta bancária, e o dinheiro será colocado no caixa.

BALANÇO PATRIMONIAL			
ATIVO		PASSIVO	
Caixa	10.000	Contas a Pagar	5.000
Bancos	42.000		
Contas a Receber	24.000	PATRIMÔNIO LÍQUIDO	
Veículos	24.000	Capital Social	100.000
Móveis e Utensílios	5.000		
TOTAL	105.000	TOTAL	105.000

Observações:

- Novamente ocorreu apenas uma permutação de valores: a conta Bancos foi diminuída em 10.000 e este valor foi colocado na conta Caixa, que surgiu no patrimônio para registrar o valor colocado no caixa da empresa após ter sido sacado no banco. Mais uma vez o patrimônio líquido não sofreu modificação, evidenciando mais um fato permutativo.

- O passivo exigível e o patrimônio líquido não foram movimentados.

- O total do ativo é igual ao total do passivo, em 105.000.

- A Equação Fundamental da Contabilidade (PL = A - PE) permanece válida, pois 100.000 = 105.000 - 5.000.

6ª Operação – Pagamento de uma obrigação

Pagamento, em dinheiro, de metade da obrigação assumida pela compra dos móveis e utensílios. Valor do pagamento: R$ 2.500.

Nesta operação, será usado dinheiro do caixa para pagar parte da dívida da empresa.

BALANÇO PATRIMONIAL			
ATIVO		PASSIVO	
Caixa	7.500	Contas a Pagar	2.500
Bancos	42.000		
Contas a Receber	24.000	PATRIMÔNIO LÍQUIDO	
Veículos	24.000	Capital Social	100.000
Móveis e Utensílios	5.000		
TOTAL	102.500	TOTAL	102.500

Observações:

- Como resultado desta operação, o ativo e o passivo exigível diminuíram na mesma proporção. Isto porque foi retirada da conta Caixa a quantia de R$ 2.500 (diminuição do ativo) para pagamento de uma obrigação neste valor (diminuição do passivo exigível)

- A conta Caixa é a origem do recurso aplicado no pagamento de uma obrigação (Contas a Pagar).

- O patrimônio líquido não se alterou, mostrando mais um fato permutativo: houve uma permutação de valores entre o ativo e o passivo exigível.

- O total do ativo é igual ao total do passivo, em 102.500.
- A Equação Fundamental da Contabilidade (PL = A - PE) permanece válida, pois 100.000 = 102.500 - 2.500.

7ª Operação – Recebimento de um direito

Recebimento, em dinheiro, de um terço das contas a receber relativas à venda a prazo de um veículo de propriedade da empresa. O valor recebido é igual a R$ 8.000.

BALANÇO PATRIMONIAL

ATIVO		PASSIVO	
Caixa	15.500	Contas a Pagar	2.500
Bancos	42.000		
Contas a Receber	16.000	PATRIMÔNIO LÍQUIDO	
Veículos	24.000	Capital Social	100.000
Móveis e Utensílios	5.000		
TOTAL	102.500	TOTAL	102.500

Observações:

- Veja que a conta Caixa foi aumentada em R$ 8.000 e, simultaneamente, Contas a Receber diminuiu nesta mesa quantia, que corresponde a um terço do valor pelo qual o veículo fora vendido.

- Assim, o ativo não se alterou, pois as duas contas movimentadas (uma para mais e outra para menos) pertencem a este grupo.

- Contas a Receber é a origem do recurso aplicado na conta Caixa.

- O patrimônio líquido não se alterou, mostrando mais um fato permutativo: houve apenas uma permutação de valores entre contas do ativo.

- O total do ativo é igual ao total do passivo, em 102.500.

- A Equação Fundamental da Contabilidade (PL = A − PE) permanece válida, pois 100.000 = 102.500 − 2.500.

OPERAÇÕES COM CONTAS DE RESULTADO

São as operações em que aparecem as contas de receitas, despesas e custos. Em geral nas operações com contas de resultado, é comum aparecer uma conta patrimonial.

Por exemplo, em uma venda à vista, usa-se uma conta de Receita de Vendas junto com a conta Caixa. A conta de receita é de resultado e a conta Caixa é patrimonial. É desse tipo de operação que tratamos a seguir.

Dinâmica patrimonial <u>com</u> variação no PL

Até aqui vimos as operações contábeis registradas diretamente no balanço patrimonial. Em todas as operações até aqui, exceto pela primeira, o grupo do patrimônio líquido permaneceu inalterado. Ou seja, trabalhamos apenas com fatos permutativos, à exceção da primeira operação, quando o patrimônio líquido recebeu o valor do capital social por ocasião da abertura da empresa. Queremos agora realizar operações que façam o patrimônio líquido se modificar.

As Receitas e as Despesas

8ª Operação – Prestação de serviço com lucro

A empresa Entregas Rápidas prestou serviços de entrega de encomendas no valor de R$ 10.000, recebidos à vista. Entretanto, a empresa, para prestar esse serviço, teve de gastar R$ 6.000 para pagar combustível, empregados e outras despesas. Assim, o lucro foi de R$ 4.000. Veja:

Apuração do resultado da operação:

Valor recebido na prestação do serviço (entra no caixa)	10.000
(-) Valor gasto na realização do serviço (sai do caixa)	(6.000)
(=) Lucro apurado com a prestação do serviço	4.000

Vamos continuar utilizando apenas o balanço patrimonial para registrar esta operação de prestação de serviço. Como ela envolve uma receita e um custo, deveríamos lançar primeiramente essa a receita e esse custo na demonstração do resultado do exercício e depois trazer o resultado para o balanço patrimonial, somando-o à conta de Lucros Acumulados.

Portanto, em vez de registrar a receita e o custo da operação na DRE onde é feita a apuração do resultado, vamos pegar o resultado que apuramos acima sem usar a DRE e levá-lo diretamente para o balanço patrimonial, junto com os efeitos que a operação causa na conta Caixa, já que tudo foi feito à vista.

O balanço patrimonial, após o registro desta operação de prestação de serviços, ficará assim:

Prestação de serviço com lucro

<table>
<tr><td colspan="4" align="center">BALANÇO PATRIMONIAL</td></tr>
<tr><td colspan="2" align="center">ATIVO</td><td colspan="2" align="center">PASSIVO</td></tr>
<tr><td>Caixa</td><td align="right">19.500</td><td>Contas a Pagar</td><td align="right">2.500</td></tr>
<tr><td>Bancos</td><td align="right">42.000</td><td></td><td></td></tr>
<tr><td>Veículos</td><td align="right">24.000</td><td>PATRIMÔNIO LÍQUIDO</td><td></td></tr>
<tr><td>Móveis e Utensílios</td><td align="right">5.000</td><td>Capital Social</td><td align="right">100.000</td></tr>
<tr><td>Contas a Receber</td><td align="right">16.000</td><td>Lucros Acumulados</td><td align="right">4.000</td></tr>
<tr><td>TOTAL</td><td align="right">106.500</td><td>TOTAL</td><td align="right">106.500</td></tr>
</table>

Observações:

- A conta Caixa possuía R$ 15.500, ganhou R$ 10.000 referentes à receita de prestação do serviço, mas perdeu R$ 6.000 referentes aos gastos com os custos para executar o serviço. Assim, a conta Caixa teve seu saldo aumentado em valor igual ao resultado da operação, ou seja, R$ 4.000.

- O lucro da operação (R$ 4.000) deve ser registrado no patrimônio líquido, pois este é o grupo que registra os valores que seriam entregues aos proprietários em caso de fechamento da empresa. Portanto, guarde isto: o patrimônio líquido é o local do balanço patrimonial que registra os lucros e os prejuízos ocorridos nas operações da empresa. Mas esse registro não é direto, pois ele deve ser feito antes nas contas de resultado que são apresentadas na DRE, e depois daí, o resultado apurado vai para o patrimônio líquido se somando à conta Lucros Acumulados.

- O passivo exigível não se alterou.

- Esta operação é um fato contábil modificativo, pois o patrimônio líquido se alterou, aumentando de R$ 100.000 para R$ 104.000. Como a modificação do patrimônio líquido foi para mais, este é um fato modificativo aumentativo.

- O total do ativo é igual ao total do passivo, em 106.500.

- A Equação Fundamental da Contabilidade (PL = A – PE) permanece válida, pois 104.000 = 106.500 – 2.500

A empresa Entregas Rápidas obteve uma <u>receita</u> de R$ 10.000, incorrendo, para isto em <u>despesas</u> de R$ 6.000. E o <u>resultado</u> da operação foi um lucro de R$ 4.000. O resultado foi lucro porque as receitas foram maiores que as despesas. Se fosse o contrário teria ocorrido prejuízo.

Assim, podemos aperfeiçoar um pouco mais os conceitos de receitas e despesas.

<u>Receitas</u> são ocorrências decorrentes das operações normais da empresa que fazem aumentar o ativo ao mesmo tempo em que aumentam o patrimônio líquido.

<u>Despesas</u> são sacrifícios incorridos, na forma de gastos vinculados às operações normais da empresa, que reduzem o patrimônio líquido e que possibilitam o ganho das receitas.

Não se ganham receitas sem se sacrificar alguma coisa. Assim, vale dizer: "não há receita sem despesa". E esta despesa pode ser direta ou indireta.

O combustível gasto para realizar a coleta e a entrega de encomendas é uma *despesa direta*, pois está sendo aplicada na operação; entretanto, o salário da pessoa encarregada de elaborar a folha de pagamento da empresa e o valor a ser pago pelo consumo de energia elétrica do estabelecimento, são exemplos de *gastos indiretos*, porém necessários para a obtenção das receitas.

Comportamento das receitas e despesas

Receitas	Aumentam o PL
Despesas	Diminuem o PL
Receitas (-) Despesas	Lucro, se Receitas > Despesas
Receitas (-) Despesas	Prejuízo, se Receitas < Despesas

Enquanto as contas representativas de bens, direitos, obrigações e de patrimônio líquido são denominadas de *contas patrimoniais*, e são apresentadas no Balanço Patrimonial (BP), as receitas e despesas, são chamadas de *contas de resultado* e são apresentadas em outro relatório, a Demonstração do Resultado do Exercício (DRE).

O lucro aumenta o patrimônio líquido e o prejuízo o diminui. Como lucros e prejuízos são resultantes do confronto entre receitas e despesas, é lógico concluir que as receitas aumentam o patrimônio líquido e as despesas o diminuem. Mas como identificar uma receita ou uma despesa?

Exemplos de Receitas

A oitava operação apresentou apenas um tipo de receita, a de prestação de serviços; entretanto, existem várias outras. As mais comuns são as receitas de:

- Vendas
- Aluguéis (ou Aluguéis Ativos)
- Descontos Obtidos
- Juros (ou Juros Ativos)

O fato gerador e o significado de alguns deles serão enunciados e estudados ao longo desta obra, na medida do necessário, de modo a permitir uma compreensão geral dos termos. Portanto, não se assuste com nomes desconhecidos e não esclarecidos. O que for dito será explicado. A intenção em antecipar nomes e conceitos que serão vistos posteriormente, é ampliar sua visão da contabilidade e desafiá-lo a compreender seus mecanismos, antes mesmo de eles serem expostos integralmente.

Exemplos de Despesas

As despesas existem em número muito maior que as receitas. Apresentamos a seguir alguns exemplos de despesas. Elas são representadas pelas inúmeras formas de sacrifícios em que as empresas incorrem para conquistar as receitas, e entre elas mencionamos as despesas com:

- Salários
- Energia elétrica
- Aluguéis (ou Aluguéis Passivos)
- Juros (ou Juros Passivos)
- Tributos
- Fretes
- Água e esgoto
- Telefone
- Prêmios de Seguros
- Operações bancárias
- Material de limpeza
- Material de consumo

Fator Gerador: identificando as receitas e as despesas

As receitas e as despesas são identificadas através de fatos contábeis que provoquem, respectivamente, aumentos ou diminuições do patrimônio líquido: são os fatos geradores. Há duas formas de se entender a ocorrência de um fato gerador de receitas e despesas, e são conhecidas como:

- Regime de Caixa

- Regime de Competência

Vamos inicialmente estudar o Regime de Competência.

No regime de competência, as receitas e as despesas devem ser atribuídas ao exercício (período contábil) em que ocorreram seus respectivos fatos geradores, independentemente de terem sido recebidas ou pagas.

Fatos Geradores das Receitas no Regime de Competência

Conforme o regime de competência, considera-se ocorrido o fato gerador de uma receita, independentemente de recebimento, quando se verifica uma das situações a seguir:

- transferência para terceiros da propriedade de um bem anteriormente pertencente à empresa;

- prestação efetiva de um serviço.

É importante perceber que, nesse regime de contabilização, se considera ocorrida a receita, mesmo que não entre nenhum recurso para a empresa em troca da venda do bem ou da prestação do serviço, no momento da operação. *O importante é que a empresa faça a entrega do bem objeto da venda, ou preste o serviço contratado.*

Exemplos de determinação do período de ocorrência da receita:

- A empresa assina em janeiro o contrato para prestar serviço. Ela presta o serviço em fevereiro e recebe o pagamento em março. Pelo regime de competência, a receita pertence ao mês em que houve efetivamente a prestação do serviço, ou seja, fevereiro.

- A empresa assina o contrato em março, recebe o pagamento em abril e entrega as mercadorias em junho e julho. A receita será registrada para os meses de junho e julho, proporcionalmente, quando ocorre a efetiva entrega do que foi contratado.

Na segunda operação, como o pagamento foi recebido antecipadamente, isto gerou uma obrigação para a empresa: a obrigação de entregar as mercadorias quando elas estivessem disponíveis para isto. A receita propriamente dita só será reconhecida quando a propriedade das mercadorias for transferida para o comprador.

Num outro extremo está aquela situação em que o cliente já pagou, mas a empresa ainda não entregou o bem ou não prestou o serviço, como mencionamos acima. Neste caso, a empresa já recebeu o dinheiro. Houve receita?

Ainda não, pois não houve o fato gerador da receita de acordo com o regime de competência. Quando a empresa entregar o bem ou prestar o serviço, cujo recebimento financeiro ocorreu no passado, aí sim, deve-se providenciar a contabilização da receita. Observe a operação a seguir.

9ª Operação: Contratação de serviço para prestação futura

A empresa Entregas Rápidas Ltda assinou um contrato onde se compromete a prestar serviços de coleta e entrega de encomendas durante trinta dias, recebendo do cliente o pagamento total adiantado pelo serviço. Valor do contrato: R$ 12.000.

Como a empresa recebeu o dinheiro, surge para ela uma obrigação de prestar o serviço. E o registro desse recebimento está no balanço patrimonial a seguir.

Recebimento antecipado de serviço a ser prestado

BALANÇO PATRIMONIAL			
ATIVO		PASSIVO	
Caixa	31.500	Contas a Pagar	2.500
Bancos	42.000	Adiant. de Clientes	12.000
Contas a Receber	16.000	PATRIMÔNIO LÍQUIDO	
Veículos	24.000	Capital Social	100.000
Móveis e Utensílios	5.000	Luc. Acumulados	4.000
TOTAL	118.500	TOTAL	118.500

Observações:

- A conta Caixa, que possuía R$ 19.500, passou a registrar R$ 31.500, em virtude do dinheiro recebido adiantado para prestar o serviço. Isto fez o total do ativo aumentar também nos mesmos R$ 12.000.

- O passivo exigível registra, como contrapartida ao aumento do ativo, uma nova obrigação, no valor de R$ 12.000, referente ao serviço que a empresa ainda prestará, mas pelo qual ela já recebeu o pagamento. O nome dessa obrigação é <u>Adiantamento de Clientes</u> ou <u>Receitas Antecipadas</u>.

- Houve uma aplicação na conta Caixa cuja origem está no Adiantamento de Clientes.

- Trata-se de um fato permutativo, pois houve uma permutação de valores entre o ativo e passivo exigível, mantendo inalterado o patrimônio líquido.

- A Equação Fundamental da Contabilidade (PL = A - PE) permanece válida, pois 104.000 = 118.500 − 14.500

- Quando a empresa prestar o serviço, aí sim, esta obrigação será transformada em receita. É do que tratamos a seguir.

10a operação – Passivos que se transformarão em receitas.

Adiantamentos de Clientes, como vimos, representam obrigações que a empresa assumiu com os clientes quando estes anteciparam pagamentos de serviços ou de mercadorias que serão prestados ou entregues futuramente.

Estes recebimentos antecipados não representam receitas porque não houve o fato gerador delas, dentro do regime de competência, que é a prestação efetiva do serviço ou a entrega da mercadoria. Em nosso exemplo, estas obrigações serão transformadas em receitas quando o serviço for prestado.

Admita-se que o serviço de entrega de encomendas anteriormente contratado por R$ 12.000, foi prestado e, para executá-lo, a empresa incorreu em despesas no valor total de R$ 7.000. Desta forma, o resultado será um lucro de R$ 5.000. Para fins didáticos vamos dividir a operação em dois registros: um para a receita e outro para a despesa.

A seguir mostro o balanço patrimonial registrando o reconhecimento da receita, em função da prestação do serviço. A conta Caixa não é mais movimentada. O que se faz agora é a transferência do valor registrado em Adiantamento de Clientes para uma conta de Receita de Prestação de Serviços, provocando redução do passivo exigível e aumento do patrimônio líquido, através do aumento da conta Lucros Acumulados. Eis o balanço:

Transferência da obrigação para uma conta de receita

BALANÇO PATRIMONIAL			
ATIVO		PASSIVO	
Caixa	31.500	Contas a Pagar	2.500
Bancos	42.000	Adiant. de Clientes	0
Contas a Receber	16.000	PATRIMÔNIO LÍQUIDO	
Veículos	24.000	Capital Social	100.000
Móveis e Utensílios	5.000	Luc. Acumulados	4.000
		Receita de Serviços	12.000
TOTAL	118.500	TOTAL	118.500

<u>Observações:</u>

- Não há mais a obrigação Adiantamentos de Clientes. Afinal de contas o serviço foi prestado, encerrando a obrigação. Eu deixei a conta Adiantamento de Clientes no BP, mas esta não é a forma correta; como o saldo da conta é 'zero', ela deve ser excluída. No próximo BP ela não mais constará do relatório.

- A obrigação que havia foi convertida em Receita de Prestação de Serviços. Isto aconteceu porque a empresa prestou efetivamente o serviço para o qual havia sido contrata e cujo pagamento recebeu adiantado.

- As receitas devem ser declaradas na DRE e não no BP. O resultado, sendo lucro ou prejuízo, é apurado na DRE através do confronto entre receitas e despesas. Este resultado será também informado no BP, mas não de forma explícita, pois não há uma linha para este resultado no balanço patrimonial.

- O resultado do período é informado no BP com outro nome: Lucros Acumulados. Esta conta recebe o resultado do período e a partir dela se faz a distribuição deste resultado.

- Nesta operação eu lancei a receita diretamente no grupo do Patrimônio Líquido (PL). Fiz isto apenas para mostrar o caminho que as receitas fazem, afetando positivamente o PL, quando nele ingressam através da conta Lucros Acumulados.

- O correto é lançar a receita na DRE e só trazer para o PL o resultado lá apurado após o confronto entre todas receitas e despesas do período. Lancei a receita diretamente no PL apenas por questão didática. Mais para frente faremos o lançamento da forma convencional.

- Trata-se de um fato modificativo aumentativo, provocado pelo reconhecimento da receita, fazendo ocorrer um aumento no patrimônio líquido.

- A Equação Fundamental da Contabilidade (PL = A - PE) permanece válida, pois 116.000 = 118.500 - 2.500.

Transformação de obrigação em receita: os custos da prestação do serviço

Veja a seguir como fica o balanço patrimonial após o registro dos custos da prestação do serviço no valor de R$ 7.000.

A operação se resume a tirar dinheiro do caixa e, com ele, pagar os custos. Assim, o registro envolve apenas estas duas contas: Caixa e Custos de Serviços Prestados.

BALANÇO PATRIMONIAL			
ATIVO		PASSIVO	
Caixa	24.500	Contas a Pagar	2.500
Bancos	42.000		
Contas a Receber	16.000	PATRIMÔNIO LÍQUIDO	
Veículos	24.000	Capital Social	100.000
Móveis e Utensílios	5.000	Luc Acumulados	4.000
		Receita de Serviços	12.000
		Custo de Serviços	(7.000)
TOTAL	111.500	TOTAL	111.500

<u>Observações:</u>

- A conta Custo de Prestação de Serviços foi inserida no balanço patrimonial a fim de ser confrontada com a conta Receita de Prestação de Serviços e, assim, apurar o resultado da operação.

- O custo do serviço prestado foi de R$ 7.000 e foi pago à vista. Assim, a conta Caixa foi diminuída neste valor, ficando agora com saldo de R$ 24.500.

- As despesas e custos devem ser declaradas na DRE e não no BP, como fizemos aqui. É na DRE onde ser apura o resultado do período, confrontando receitas e despesas. Resultado este que será informado na conta Lucros Acumulados do balanço patrimonial.

- Nesta operação eu lancei o custo diretamente no grupo do Patrimônio Líquido (PL). Fiz isto apenas para mostrar o caminho que as despesas e custos fazem, afetando negativamente o PL, quando nele ingressam através da conta Lucros Acumulados.

- Lancei o custo diretamente no PL apenas por questão didática. Mais para frente faremos o lançamento da forma convencional.

- O registro do custo mostra que ocorreu um fato modificativo diminutivo, fazendo ocorrer uma diminuição no patrimônio líquido.

A Equação Fundamental da Contabilidade (PL = A - PE) permanece válida, pois 109.000 = 111.500 - 2.500.

Apuração do resultado da operação de serviço

A apuração do resultado desta operação, se resume a subtrair o valor do custo do valor da receita. Esta subtração nos dá o resultado da operação, que coloco na conta Apuração do Resultado.

O saldo desta conta será posteriormente transferido para a conta Lucros Acumulados. Esta é a sequência normal dos registros envolvendo conta de resultado.

BALANÇO PATRIMONIAL			
ATIVO		PASSIVO	
Caixa	24.500	Contas a Pagar	2.500
Bancos	42.000		
Contas a Receber	16.000	PATRIMÔNIO LÍQUIDO	
Veículos	24.000	Capital Social	100.000
Móveis e Utensílios	5.000	Luc Acumulados	4.000
		Apuração do Resultado	5.000
		Receita de Serviços	0
		Custo de Serviços	0
TOTAL	111.500	TOTAL	111.500

<u>Observações:</u>

- Subtraí o custo da receita e coloquei o resultado na conta Apuração do Resultado, que introduzi o balanço patrimonial. Esta é a conta temporária onde o resultado é apurado pelo confronto entre receitas e despesas. O passo seguinte é transferir o saldo da conta de Apuração do Resultado para a conta Lucros Acumulados.

- Resolvi manter as contas de receita e custo no patrimônio líquido, para mostrar que foram elas duas que deram origem à conta Apuração do Resultado no valor de R$ 5.000. Este valor é o resultado de subtrair o custo de R$ 7.000 da receita de R$ 12.000.

- O próximo balanço servirá apenas para eliminar as duas linhas de receita e custo. Veja:

BALANÇO PATRIMONIAL			
ATIVO		**PASSIVO**	
Caixa	24.500	Contas a Pagar	2.500
Bancos	42.000		
Contas a Receber	16.000	PATRIMÔNIO LÍQUIDO	
Veículos	24.000	Capital Social	100.000
Móveis e Utensílios	5.000	Luc Acumulados	4.000
		Apuração Resultado	5.000
TOTAL	111.500	TOTAL	111.500

Transferindo o saldo de Apuração do Resultado para Lucros Acumulados

O último passo será transferir o saldo da Apuração do Resultado para a conta Lucros Acumulados. Veja:

BALANÇO PATRIMONIAL			
ATIVO		**PASSIVO**	
Caixa	24.500	Contas a Pagar	2.500
Bancos	42.000		
Contas a Receber	16.000	PATRIMÔNIO LÍQUIDO	
Veículos	24.000	Capital Social	100.000
Móveis e Utensílios	5.000	Lucros Acumulados	9.000
		Apuração Resultado	0
TOTAL	111.500	TOTAL	111.500

<u>Observações:</u>

- Como se pode ver, a conta Lucros Acumulados apresenta agora saldo de R$ 9.000. Isto porque recebeu os R$ 5.000 que estavam na conta Apuração do Resultado.

- A conta Apuração do Resultado foi deixada no balanço patrimonial de propósito, para mostrar que ela é a origem do acréscimo de saldo na conta Lucros Acumulados.

O próximo balanço será feito apenas para eliminar a conta Apuração do Resultado. Veja:

BALANÇO PATRIMONIAL			
ATIVO		PASSIVO	
Caixa	24.500	Contas a Pagar	2.500
Bancos	42.000		
Contas a Receber	16.000	PATRIMÔNIO LÍQUIDO	
Veículos	24.000	Capital Social	100.000
Móveis e Utensílios	5.000	Lucros Acumulados	9.000
TOTAL	111.500	TOTAL	111.500

<u>Observações:</u>

- Como se pode ver, a conta Lucros Acumulados apresenta agora saldo de R$ 9.000. Isto porque recebeu os R$ 5.000 que estavam na conta Apuração do Resultado.

Embora esta não seja a forma convencional de se preparar o balanço patrimonial, ela conduz a um resultado correto.

Antes da evolução da contabilidade, só havia o balanço, os outros relatórios foram sendo desenvolvidos bem depois. Portanto, as coisas funcionavam de modo semelhante ao que mostramos aqui.

Assim, você tem em mãos um balanço patrimonial que reflete com precisão a posição econômica da empresa até este ponto. Poderíamos dizer que a demonstração do resultado do exercício é um relatório que não faz falta. Isso seria um exagero de tamanho razoável, mas não um absurdo.

Nos dias de hoje é impensável dispensar a DRE, como fiz nos exercícios até aqui. E é por isto que vamos usar este demonstrativo mais para a frente neste estudo. Ele é parte importante da contabilidade.

Fatos Geradores das Despesas no Regime de Competência

Conforme o regime de competência, considera-se ocorrido o fato gerador de uma despesa, independentemente de pagamento, quando se verifica uma das situações a seguir:

- o consumo de um bem;
- a utilização de um serviço.

O consumo de papel, tinta, caneta, borracha e a utilização dos serviços de água, luz, telefone, são exemplos de despesas. Estas são ocorrências que provocam redução no Patrimônio Líquido. Veja que, neste caso, o fato gerador da despesa se dá com o consumo dos materiais, não com a sua simples aquisição. Portanto, adquirir bens não gera imediatamente uma despesa. O consumo destes bens é que caracteriza a ocorrência da despesa.

Uma das formas de se identificar uma despesa é através da constatação de que houve um gasto sem que nada tenha sido acrescentado ao patrimônio da empresa. Há um pagamento (despesa à vista) ou uma promessa de pagamento (despesa a prazo), mas nada é acrescentado ao ativo como contrapartida a este pagamento. Por exemplo, a despesa com telefone se trata de um gasto que nada acrescenta ao ativo da empresa, assim, é despesa. Como consequência, ele provoca uma redução do patrimônio líquido.

Exemplos de determinação do período de ocorrência da despesa:

- A empresa assina em janeiro o contrato de seguro para seus veículos. O contrato cobre os doze meses do ano-calendário (janeiro a dezembro) e a empresa pagou os R$ 12.000 pelo seguro em três parcelas mensais: fevereiro, março e abril. Neste exemplo, podemos ser induzidos a pensar que a despesa deve ser registrada nos meses em que houve os pagamentos. Mas tais despesas devem ser rateadas pelos doze meses da cobertura, ou seja, apropria-se R$ 1.000 a título de despesas com seguros, para cada um dos meses de janeiro a dezembro.

- A empresa assina em março o contrato de aluguel de imóvel para usar como oficina e paga em abril. O contrato cobre os seis meses do segundo semestre, quando a empresa locadora do imóvel terminará a reforma no galpão. Neste caso, a despesa é apropriada aos seis meses do segundo semestre, ou seja, de julho a dezembro.

Uma vez entendido o fato gerador das despesas, quero apresentar alguns conceitos relacionados aos pagamentos que as empresas fazem.

Gasto x desembolso

Gasto representa um sacrifício para a empresa, a fim de obter um bem ou um serviço. Este gasto pode reduzir o ativo, se efetuado através de pagamento imediato (*gasto com desembolso*, ou à vista) ou aumentar o passivo exigível, se efetuado mediante promessa de pagamento futuro (*gasto sem desembolso*, ou a prazo).

Desembolso é o pagamento pela aquisição de um bem ou serviço. Sempre provoca redução do ativo, pois o recurso sai da conta Caixa ou da conta Bancos.

Despesa é um sacrifício para se obter uma receita. Reduz o patrimônio líquido. Nem todo gasto é uma despesa, mas todo gasto envolve um desembolso (imediato ou futuro). O pagamento à vista da conta de energia elétrica é um gasto que representa despesa. Já a compra de mercadorias para revenda é um gasto que não é despesa; diz-se que este é um *gasto ativado*.

Investimento é o gasto feito com o propósito de incorporar algum bem ou direito ao ativo. Aquisições de equipamentos, de títulos públicos ou privados, de seguros, de veículos ou de mercadorias são exemplos de investimentos.

Quando a despesa é à vista, há uma imediata redução do ativo, através da saída de recursos da conta Caixa ou Bancos. Porém, quando é a prazo, ocorre um aumento de passivo exigível, porque a empresa assume o compromisso de pagar a despesa na data combinada. Isto ocorre com salários mensais, que são apurados em um mês e pagos no início do mês seguinte.

11a operação – Despesas à vista e despesas a prazo.

No último dia do mês a empresa Entregas Rápidas Ltda pagou, em cheque, R$ 1.000 referentes ao aluguel daquele mesmo mês do imóvel onde funciona. Nesse mesmo dia recebeu a conta do telefone totalizando R$ 300, para ser paga até o dia 10 do mês seguinte.

Vamos utilizar dois balanços para registrar essas duas operações. Uma operação de despesa em cada balanço.

No nosso exemplo, a empresa deve pagar o aluguel no final do mês de utilização do imóvel. Isto significa que, no último dia do mês já terá ocorrido o fato gerador da despesa de aluguel, dentro do Regime de Competência: a utilização efetiva do imóvel alugado. A empresa utilizará recursos da conta Bancos, pois o pagamento foi feito através da emissão de um cheque de R$ 1.000.

Registro do pagamento da Despesa com Aluguel

BALANÇO PATRIMONIAL			
ATIVO		PASSIVO	
Caixa	24.500	Contas a Pagar	2.500
Bancos	41.000		
Contas a Receber	16.000	PATRIMÔNIO LÍQUIDO	
Veículos	24.000	Capital Social	100.000
Móveis e Utensílios	5.000	Lucros Acumulados	9.000
		Desp com Aluguéis	(1.000)
TOTAL	110.500	TOTAL	110.500

Observações:

- A conta Bancos foi diminuída em R$ 1.000, devido à emissão do cheque, reduzindo o total do ativo.

- Como as despesas afetam negativamente o patrimônio líquido, a conta Despesas com Aluguéis foi introduzida neste grupo. Valem para ela as mesmas observações que já fizemos acerca das receitas: o relatório para se demonstrar as despesas é a DRE onde são confrontadas com as receitas a fim de se determinar o resultado do período. Apenas o resultado demonstrado na DRE é informado no BP.

- Registramos a despesa com o valor R$ 1.000 entre parênteses, para informar que se trata de um valor negativo, pois despesas diminuem o saldo do patrimônio líquido.

- Como o PL diminui seu saldo com o registro da despesa com aluguéis, trata-se de um fato modificativo diminutivo.

- A Equação Fundamental da Contabilidade (PL = A - PE) permanece válida, pois 108.000 = 110.500 - 2.500.

Agora, vamos registrar a despesa pelo uso do serviço de telefonia. Observe que já houve a utilização do serviço, pois a conta do telefone informa o quanto a empresa deverá pagar pelo que já consumiu. Portanto, já houve o fato gerador da despesa, sendo fácil identificá-lo no regime de competência: a utilização efetiva do serviço.

O pagamento será feito no mês seguinte. Desta forma, a empresa deverá reconhecer a existência da despesa, mas em vez de efetuar o pagamento, irá registrar uma obrigação a ser liquidada no próximo mês. Após a apropriação da despesa para pagamento no mês seguinte, o balanço patrimonial ficará como mostrado a seguir.

Registro de uma despesa para pagamento futuro

Vamos agora registrar a despesa pelo uso do serviço de telefonia, no valor de R$ 300, a ser paga no mês seguinte.

BALANÇO PATRIMONIAL			
ATIVO		**PASSIVO**	
Caixa	24.500	Contas a Pagar	2.800
Bancos	41.000		
Contas a Receber	16.000	**PATRIMÔNIO LÍQUIDO**	
Veículos	24.000	Capital Social	100.000
Móveis e Utensílios	5.000	Lucros Acumulados	9.000
		Desp com Aluguéis	(1.000)
		Desp com Telefone	(300)
TOTAL	110.500	TOTAL	110.500

Observações:

- O passivo exigível aumentou devido ao registro de uma obrigação, no valor de R$ 300, incorporada ao saldo de Contas a Pagar. Trata-se do valor da conta de telefone do mês.

- A empresa irá honrar este gasto no mês seguinte. A obrigação foi lançada, porque a empresa, tendo um prazo para pagá-la, resolveu utilizar este prazo. Se a empresa desejasse, poderia ter feito o pagamento da conta de telefone imediatamente, utilizando recursos do Caixa ou de Bancos.

- Poderíamos ter usado uma conta separada para registrar esta obrigação no passivo exigível, como por exemplo, Conta de Telefone a Pagar; entretanto, preferimos incorporar o valor a pagar ao saldo de Contas a Pagar.

- O saldo do patrimônio líquido será reduzido no mesmo valor da despesa com telefone. Assim, este é um fato modificativo diminutivo.

- A Equação Fundamental da Contabilidade (PL = A - PE) permanece válida, pois 107.700 = 110.500 - 2.800.

Apurando o resultado: confronto entre receitas e despesas

Vamos incorporar estas despesas à conta de Lucros Acumulados. Faremos isto apenas para "limpar" o patrimônio líquido e deixar o balanço patrimonial apresentado da forma correta.

Sabemos que é a demonstração do resultado que apresenta as despesas do período. Então, o balanço a seguir mostra como fica o patrimônio líquido após subtrairmos as duas despesas do valor de Lucros Acumulados. Observe:

<table>
<tr><td colspan="4" align="center">BALANÇO PATRIMONIAL</td></tr>
<tr><td colspan="2" align="center">ATIVO</td><td colspan="2" align="center">PASSIVO</td></tr>
<tr><td>Caixa</td><td>24.500</td><td>Contas a Pagar</td><td>2.800</td></tr>
<tr><td>Bancos</td><td>41.000</td><td></td><td></td></tr>
<tr><td>Contas a Receber</td><td>16.000</td><td colspan="2" align="center">PATRIMÔNIO LÍQUIDO</td></tr>
<tr><td>Veículos</td><td>24.000</td><td>Capital Social</td><td>100.000</td></tr>
<tr><td>Móveis e Utensílios</td><td>5.000</td><td>Lucros Acumulados</td><td>7.700</td></tr>
<tr><td></td><td></td><td>Desp com Aluguéis</td><td>0</td></tr>
<tr><td></td><td></td><td>Desp com Telefone</td><td>0</td></tr>
<tr><td>TOTAL</td><td>110.500</td><td>TOTAL</td><td>110.500</td></tr>
</table>

Observações:

- Mantive os nomes das duas despesas mesmo que seus saldos sejam zero. Fiz isto para que se possa observar que a origem da redução da conta Lucros Acumulados está nas despesas.

- O balanço patrimonial seguinte é preparado apenas para mostrar a exclusão das duas linhas referentes às despesas mostradas no balanço anterior.

BALANÇO PATRIMONIAL

ATIVO		PASSIVO	
Caixa	24.500	Contas a Pagar	2.800
Bancos	41.000		
Contas a Receber	16.000	**PATRIMÔNIO LÍQUIDO**	
Veículos	24.000	Capital Social	100.000
Móveis e Utensílios	5.000	Lucros Acumulados	7.700
TOTAL	110.500	TOTAL	110.500

O patrimônio líquido não é o local adequado para se informar as despesas, que isto fique claro. Mas sabemos que o patrimônio líquido é afetado negativamente por elas através do resultado apurado na DRE que é transferido para a conta Lucros Acumulados.

É exatamente por isto que estou sempre a transferir os saldos das contas de receitas e despesas para a conta Lucros Acumulados, pois é o que ocorre nas operações convencionais, ao se apurar o resultado na DRE.

12a Operação – Aquisição de material de expediente

A empresa Entregas Rápidas Ltda adquire diversos materiais para consumo no dia a dia: papel, caneta, lápis, clipe. Pagou, em dinheiro, R$ 400 por esse material.

Houve despesa nessa compra?

Não, pois a <u>aquisição</u> de material de expediente (ou de qualquer bem) não é fato gerador de despesa. O que houve foi um gasto com imediato desembolso: gasto à vista. A contrapartida à saída de dinheiro do Caixa é a entrada, no ativo da empresa, de bens na forma de materiais de expediente. Este é o típico <u>gasto ativado</u>, um investimento. Observe como fica o balanço patrimonial, após o registro dessa compra.

Aquisição à vista de material de expediente

BALANÇO PATRIMONIAL			
ATIVO		PASSIVO	
Caixa	24.100	Contas a Pagar	2.800
Bancos	41.000		
Contas a Receber	16.000	**PATRIMÔNIO LÍQUIDO**	
Estq Mat Expediente	400	Capital Social	100.000
Veículos	24.000	Luc Acumulados	7.700
Móveis e Utensílios	5.000		

| TOTAL | 110.500 | TOTAL | 110.500 |

<u>Observações:</u>

- A conta Caixa foi reduzida em R$ 400, para pagar os materiais adquiridos.

- Foi acrescentada a conta <u>Estoque Material de Expediente</u> para registrar os bens adquiridos.

- Como a aquisição não é um fato gerador de despesa, não houve diminuição do patrimônio líquido. Portanto, temos apenas um fato permutativo.

- Equação Fundamental da Contabilidade (PL = A - PE) permanece válida, pois 107.700 = 110.500 - 2.800.

Operações de encerramento do exercício

Depois de um certo período realizando transações, a empresa precisa apurar o resultado para saber como está sua situação econômica, financeira e patrimonial.

Como parte do processo de apuração do resultado, está a necessidade de se fazerem lançamentos de ajustes.

Lançamentos de Ajustes

Nem tudo é registrado na contabilidade o tempo todo. Seria muito trabalhoso manter os fatos todos rigorosamente registrados a cada minuto, e é fácil entender por que é assim. Muitas situações ficam de fora da rotina contábil por uma questão de conveniência de trabalho.

Os sistemas totalmente automatizados podem fornecer relatórios aproximadamente fidedignos, mas nem mesmo eles conseguem refletir a realidade com garantia absoluta a cada instante.

Pense num hipermercado como o Carrefour. Os gestores se esforçam para manter o controle de estoque perfeitamente em dia.

Sabe quantas geladeiras há em estoque no depósito e nas lojas, e sabe continuamente quantas foram vendidas aos clientes ou devolvidas ao fabricante no período atual. Mas não é sempre que este hipermercado sabe quanto de laranja ou banana ainda não foi vendido e, decorrente disso, não sabe quanto há ou nos balcões ou gôndolas das lojas. Se os gestores do Carrefour precisarem desta informação é provável que tenham de ir ao depósito e às lojas fazer uma contagem física.

O controle de estoques é uma exigência que as empresas precisam cumprir com rigor, senão correm o risco de prejuízos por não saber o custo do que estão vendendo ou até com roubos. Este é um tipo de situação que a contabilidade não pode controlar continuamente. Para contornar a situação, e manter o controle a empresa faz inventários de estoques periodicamente.

Isto quer dizer que os gestores providenciam a contagem física de bananas, laranjas e cebolas, a fim de conhecer o valor físico e financeiro dos estoques destas e de outras mercadorias.

No final do exercício social a empresa deve realizar este inventário a fim de saber quanto de mercadorias restam em estoque. Com esta informação ela faz o cálculo para determinar quanto foi vendido. Sabendo o custo do que foi vendido, a empresa conhece o lucro bruto em suas vendas. Lucro bruto é, como vimos, aquele que encontramos ao subtrair das vendas o custo do que ela vendeu. E esse custo nada mais é do que o preço que o Carrefour pagou ao seu fornecedor pela aquisição das mercadorias vendidas.

São poucas as situações em que a contabilidade não controla continuamente os fatos que ocorrem e que a ela interessam. Assim, ao término do período contábil a empresa precisa fazer ajustes sobre estes valores a fim de que os saldos deles correspondam à realidade.

A seguir apresento algumas dessas situações que exigem ajustes no final do período:

- <u>Despesas pagas antecipadamente</u> – São aqueles gastos que se faz para se adquirir certos bens e serviços que serão utilizados por algum tempo dentro do exercício social atual e, às vezes, em parte do exercício social seguinte. Por exemplo:

o Material de consumo: compra-se agora e se consome durante algumas semanas ou meses. O ajuste de final de período é feito através do inventário. É este que inventário vai determinar quanto foi consumido neste exercício e quanto restará em estoque para consumo no exercício social subsequente.

o Pagamentos antecipados de seguros: combina-se o pagamento no momento da contratação e se usa durante um ano inteiro ou mais. Paga-se adiantado para adquirir o direito à cobertura. O ajuste é feito apropriando-se ao resultado do exercício atual os meses que já transcorreram cobertos pelo seguro.

- <u>Receitas recebidas antecipadamente</u>: são obrigações, e não receitas propriamente. A empresa recebe o pagamento adiantado para entregar a mercadoria ou prestar o serviço posteriormente. Após a entrega é que a obrigação se converterá em receita. O ajuste é feito verificando-se ao término do período quanto da obrigação já foi cumprida. Essa quantia é que será a verdadeira receita que afetará o lucro bruto.

- <u>Despesas de depreciação</u>: embora haja toda uma teoria cobrindo a depreciação, neste momento é suficiente entendê-la como a perda de valor do bem em função do uso. A depreciação afeta os bens físicos, como edificações, veículos, móveis e equipamentos. No final do exercício é feito um ajuste ao valor contábil do bem calculando-se a perda de seu valor relativa ao período. O valor calculado desta perda será registrado como despesa de depreciação.

Vamos estudar na próxima operação a despesa com material de consumo ou de expediente.

13ª Operação – Estoques: ativos que se tornarão despesas

O mês terminou e a contabilidade precisa de algumas informações para elaborar os relatórios contábeis e apresentá-los aos proprietários e outros interessados.

No final do período contábil a empresa sempre vai precisar executar algumas tarefas internas a fim de preparar relatórios contábeis completos e úteis aos tomadores de decisão. A operação a seguir mostra como materiais de consumo se transformam em despesas.

No final do mês, a empresa fez uma verificação do saldo existente no estoque de material de expediente, a fim de determinar a necessidade de se adquirir novas quantidades, e constatou que o saldo em estoque era de R$ 180. Isto significa que houve um consumo de material de expediente equivalente a R$ 220.

Esse fato significa que houve, agora sim, despesa com Material de Expediente, pois o fato gerador ocorreu: o efetivo consumo de bens. A aquisição do material de expediente não representou uma despesa, foi apenas uma ativação de um gasto, um investimento; mas o consumo desse material foi o que caracterizou o fato gerador da despesa com material de expediente.

A aquisição, fazendo com que o bem seja adicionado ao ativo da empresa, é vista como um gasto ativado. Já o consumo dos bens representa redução do ativo. Como despesa que é, o consumo impacta negativamente o lucro do período e, por isso, reduz o patrimônio líquido. Isto fica claro no balanço patrimonial a seguir, elaborado após a constatação do saldo existente dos materiais de expediente.

Registro do consumo de material de expediente

BALANÇO PATRIMONIAL			
ATIVO		**PASSIVO**	
Caixa	24.100	Contas a Pagar	2.800
Bancos	41.000		
Contas a Receber	16.000	**PATRIMÔNIO LÍQUIDO**	
Estq Mat Expediente	180	Capital Social	100.000
Veículos	24.000	Luc Acumulados	7.700
Móveis e Utensílios	5.000	Desp Mat. Exped.	(220)
TOTAL	110.280	TOTAL	110.280

<u>Observações:</u>

- A conta Estoque de Material de Expediente indica o valor que foi constatado através de inventário: R$ 180. Este é o valor que remanesce no estoque para ser consumido no período seguinte.

- Como havia R$ 400 em estoque, e agora há R$ 180, isso significa que R$ 220 desse material foram consumidos. Ou seja, houve despesa com material de expediente neste valor.

- Introduzi a conta Despesa com Material de Expediente no grupo do patrimônio líquido para registrar o valor consumido. Este valor vai impactar negativamente o patrimônio líquido, pois se trata de uma conta de despesa.

- Esta operação nos mostra um fato modificativo. Sim, pois o patrimônio líquido foi alterado. E como foi alterado para menos, dizemos tratar-se de um fato modificativo diminutivo.

- Equação Fundamental da Contabilidade (PL = A - PE) permanece válida, pois 107.480 = 110.280 - 2.800.

14ª Operação – Folha de Salários: ajuste de fim de período

Uma das tarefas necessárias aos ajustes de final de período é a preparação da folha de salários. Os empregados trabalharam durante o mês inteiro e a empresa prepara o que se costuma chamar também de *folha de pagamento*.

São relacionados os salários brutos, os descontos sobre os salários, a previdência social e o imposto de renda. O pagamento é depositado na conta bancária do empregado ou é entregue em mãos na tesouraria da empresa.

Alguns empregados são remunerados por hora ou por dia trabalhado ou até mesmo por tarefa contratada. Outros recebem o pagamento por semana ou por quinzena trabalhada.

O fato é que todo pagamento de salário é antecedido por uma série de cálculos que resultam em uma planilha contendo importantes informações para a contabilidade. Os cálculos podem levar em consideração a frequência apontada em cartões de ponto físicos ou digitais dos empregados.

A empresa que estamos trabalhando é uma prestadora de serviços que paga os salários mensalmente e registra tudo como despesas de salários. Mas esta não é a forma correta em uma indústria.

Salários na indústria: gasto ativado que se converte em custo

Na indústria, os salários da área de produção apresentam processo contábil diferente dos salários da área administrativa.

Suponhamos uma indústria de computadores. Os salários pagos ao pessoal que trabalha na montagem destes equipamentos vão sendo incorporados ao custo de equipamento. Esta é a mão de obra direta.

O valor gasto em mão de obra direta se soma ao valor dos materiais usados na fabricação dos bens e a outros gastos indiretos. Sobre gastos indiretos eu sugiro ler algum material acerca da contabilidade de custos se necessitar de esclarecimentos mais detalhados.

Assim, o custo de produção dos computadores e de todos os bens, é formado pela soma dos valores relativos à mão de obra direta, aos materiais diretos e aos gastos indiretos. Quando termina o ciclo de produção de um computador, ele incorpora todos estes gastos, cuja soma recebe o nome de *custo de produção*.

Os produtos acabados são enviados do setor de produção para a área de estoque ou de vendas, carregando com ele todos os salários pagos a operários, supervisores e outros envolvidos diretamente em sua fabricação. Então, os salários desse pessoal estão neste momento no setor de estoque, incorporados aos produtos concluídos, aguardando o momento de serem despachados para clientes. Por isso se diz que o salário do pessoal do setor de produção em uma indústria representa um gasto que será incorporado ao estoque, que é parte do ativo. Ou seja, tais salários representam um gasto ativado.

No momento da venda é que se dá o confronto do valor de todos os gastos incorporados ao estoque, com o valor da receita de vendas. E aí, o que era gasto ativado se transforma em *custo do produto vendido*. Assim, é a venda que transforma todo o gasto estocado em custo. Isto ocorre porque é a venda que faz ocorrer o fato gerador das receitas e das despesas, que é a entrega do bem produzido. É neste momento que ocorre a confrontação entre receitas e custos de produção.

Salários no setor de serviços

No setor de serviços os salários podem seguir regras próprias: pagamento diário, semanal, mensal ou por tarefa.

A empresa de nosso exemplo paga os salários mensalmente. Assim, no último dia do mês ela prepara a folha de pagamento fazendo o cálculo com base nas informações geradas naquele período. Eis o enunciado:

A empresa Entregas Rápidas, como parte dos ajustes contábeis de final de mês, prepara a folha de salários de seus empregados no valor total de R$ 3.000. Os salários serão pagos no início do mês seguinte. Fazer o registro.

Registro das despesas de salários

BALANÇO PATRIMONIAL			
ATIVO		PASSIVO	
Caixa	24.100	Contas a Pagar	2.800
Bancos	41.000	Salários a pagar	3.000
Contas a Receber	16.000	PATRIMÔNIO LÍQUIDO	
Estq Mat Expediente	180	Capital Social	100.000
Veículos	24.000	Luc Acumulados	7.700
Móveis e Utensílios	5.000	Desp Mat. Exped.	(220)
		Desp de Salários	(3.000)
TOTAL	110.280	TOTAL	110.280

Observações:

- A conta Despesas de Salários foi aberta com valor negativo de R$ 3.000 diretamente no grupo do patrimônio líquido. É da natureza das despesas reduzirem o valor do patrimônio líquido.

- Em contrapartida à conta de Despesas de Salários, abri a conta Salários a pagar no passivo exigível, pelo mesmo valor de R$ 3.000.

- Salários a Pagar foi aberta no grupo do passivo exigível porque a empresa reconhece que deve os salários aos seus empregados, mas só fará o pagamento no mês seguinte.

- Como o balanço se refere ao último dia do mês, nele precisa constar todas as obrigações da empresa ainda não honradas.

15ª Operação – Depreciação: transformando ativos em despesas

A depreciação alcança apenas os ativos fixos tangíveis, como os que já mencionamos: edificações, imóveis, veículos, equipamentos e móveis.

A empresa que estamos estudando tem em seu patrimônio um veículo e móveis e utensílios. Estes dois tipos de ativos se sujeitam à depreciação, tornando necessário o cálculo para cada um.

Cálculo da depreciação

O cálculo da depreciação é feito em função da vida útil do bem. Para um bem que tem vida útil de dez anos, calcula-se a perda de valor dele em dez por cento ao ano. Se você precisa saber qual a taxa de depreciação mensal para um bem que tem vida útil de dez anos, basta dividir o valor da taxa anual por 12.

Se o bem tem vida útil de cinco anos, ele perde 20% do valor ao ano. E como se determina a vida útil de um bem?

Certamente esta é uma tarefa complicada e cheia de subjetividades. Não é uma ciência exata a determinação desta vida útil, uma vez que depende do tipo de uso em que o bem é empregado. Se uma máquina trabalha apenas um turno de oito horas diárias, é de se esperar que outra máquina semelhante tenha uma vida útil menor se trabalhar dois ou três turnos de oito horas, também diárias.

A legislação do imposto de renda simplificou bastante o cálculo ao definir a vida útil de cada bem. A lei determina para cada bem a sua vida útil e ainda especifica essa vida útil quando bens semelhantes têm usos diferentes. A empresa que se sentir prejudicada, pode entrar com um pedido de revisão da taxa de depreciação anual de seus bens e apresentar as razões pelas quais ela acredita que essa taxa deve ser maior. A empresa pode lograr êxito neste pedido e usar uma taxa de depreciação diferente daquela padronizada na lei.

E agora vamos ao cálculo da depreciação dos ativos fixos da nossa empresa em estudo. Teremos de calcular a depreciação dos veículos e dos móveis e utensílios. O valor a ser depreciado é relativo a apenas um mês. Sendo assim, vamos calcular a depreciação anual de cada bem e dividir o resultado por doze.

Depreciação mensal de veículos

De acordo com a legislação, os veículos têm vida útil de cinco anos, indicando uma taxa anual de depreciação de 20%.

Como o saldo na conta Veículos é de R$ 24.000,00, sua depreciação anual será de R$ 4.800, ou seja, 20% x R$ 24.000.

Como queremos a depreciação mensal, já que estamos trabalhando com o período de um mês, basta dividir o valor da depreciação anual encontrado por 12 para encontrarmos R$ 400 (4.800/12).

Este é o valor da depreciação mensal do veículo: R$ 400. E é ele que vamos lançar no balanço patrimonial nesta operação. Veja isto a seguir.

No final do mês, a empresa, a fim de preparar os ajustes em seus dados contábeis, calculou o valor da depreciação mensal de veículos em R$ 400. Fazer o lançamento no balanço patrimonial.

Usaremos duas contas para registrar a depreciação.

- A primeira é a conta Despesas de Depreciação. Esta conta será registrada no balanço no valor de R$ 400 e, por se tratar de uma conta de resultado, deverá ser apresentada na demonstração do resultado do exercício. Entretanto, aqui ela será mostrada no grupo do patrimônio líquido e depois incorporada aos lucros acumulados.

- A segunda é a conta Depreciação Acumulada de Veículos. Esta conta será registrada no mesmo valor de R$ 400. O uso desta conta evita que se diminua o valor histórico do bem diretamente da conta de ativo que o representa, neste caso a conta Veículos. Assim, o balanço patrimonial preserva o valor histórico do bem e usa a conta Depreciação Acumulada para ir acumulando ano a ano a perda de valor do bem. Veja isto a seguir:

Registro da depreciação de veículos

BALANÇO PATRIMONIAL			
ATIVO		PASSIVO	
Caixa	24.100	Contas a Pagar	2.800
Bancos	41.000	Salários a Pagar	3.000

Contas a Receber	16.000	PATRIMÔNIO LÍQUIDO	
Estq Mat Expediente	180	Capital Social	100.000
Veículos	24.000	Luc Acumulados	7.700
(-) Depr Acum. Veíc	(400)	Desp Mat. Exped	(220)
Móveis e Utensílios	5.000	Desp de Salários	(3.000)
		Desp Depreciação	(400)
TOTAL	109.880	TOTAL	109.880

<u>Observações:</u>

- A conta Despesas de Depreciação recebeu o valor calculado da depreciação mensal, R$ 400, relativa ao veículo da empresa. Ela está registrada no grupo do patrimônio líquido, pois é a técnica que estamos utilizando nesta etapa do curso, de registrar diretamente no patrimônio líquido as contas de receitas e despesas.

- No ativo, abrimos a conta Depreciação Acumulada de Veículos no valor de R$ 400 a fim de registrar a perda de valor do veículo em uma conta separada da conta Veículos.

- Repare que a depreciação acumulada foi registrada no balanço patrimonial com valor negativo. Isto dá a esta conta o caráter de *redutora do ativo* a que se refere, neste caso, veículos.

- Poderíamos ter diminuído os R$ 400 diretamente dos R$ 24.000 que representam o valor da conta Veículos. Mas se fizéssemos isto perderíamos no balanço patrimonial a informação relativa ao valor histórico de aquisição do bem.

- Utilizando uma conta separada, teremos as duas informações: o valor histórico e o valor da depreciação que se acumulou com o tempo. Se subtrairmos o valor da depreciação acumulada do valor histórico do bem, teremos uma nova informação, chamada *valor contábil do bem*.

- Esta operação representa um fato modificativo diminutivo, uma vez que se trata de despesa, o que provoca redução do valor do patrimônio líquido.

- A equação do patrimônio está equilibrada após a operação, pois o ativo total e o passivo total foram diminuídos no mesmo valor de R$ 400. Assim, PL = A – PE, pois 104.080 = 109.880 – 5.800.

Depreciação mensal de móveis e utensílios

De acordo com a legislação, os móveis e utensílios têm vida útil de dez anos, indicando uma taxa anual de depreciação de 10%.

Como o saldo na conta Móveis e Utensílios é de R$ 5.000,00, sua depreciação anual será de R$ 500, ou seja, 10% x R$ 5.000.

Como queremos a depreciação mensal, já que estamos trabalhando com o período de um mês, basta dividir o valor da depreciação anual encontrado por 12. Como 500 dividido por 12 resulta em 41,666..., uma dízima periódica, vou arredondar este valor para R$ 42,00.

Este é o valor da depreciação mensal dos móveis e utensílios registrados no balanço patrimonial: R$ 42. E é ele que vamos lançar no balanço patrimonial nesta operação. Veja isto a seguir.

16ª Operação – Depreciação: transformando ativos em despesas

No final do mês, a empresa, a fim de preparar os ajustes em seus dados contábeis, calculou o valor da depreciação mensal de seus móveis e utensílios em R$ 42. Fazer o lançamento no balanço patrimonial.

Usaremos duas contas para registrar a depreciação.

- A primeira é a conta Despesas de Depreciação, a mesma que já foi utilizada para registrar a depreciação de veículos. Esta conta será registrada no balanço no valor de R$ 42 e, por se tratar de uma conta de resultado, deverá ser apresentada na demonstração do resultado do exercício. Entretanto, aqui ela será mostrada no grupo do patrimônio líquido e depois incorporada aos lucros acumulados.

- A segunda é a conta Depreciação Acumulada de Móveis e Utensílios. Esta conta será registrada no mesmo valor de R$ 42. O uso desta conta evita que se diminua o valor histórico do bem diretamente da conta de ativo que o representa, neste caso a conta Móveis e Utensílios. Assim, o balanço patrimonial preserva o valor histórico do bem e usa a conta Depreciação Acumulada para ir acumulando ano a ano a perda de valor do bem. Veja isto a seguir:

Registro da depreciação de móveis e utensílios

BALANÇO PATRIMONIAL			
ATIVO		PASSIVO	
Caixa	24.100	Contas a Pagar	2.800
Bancos	41.000	Salários a Pagar	3.000
Contas a Receber	16.000	PATRIMÔNIO LÍQUIDO	
Estq Mat Expediente	180	Capital Social	100.000
Veículos	24.000	Luc Acumulados	7.700
(-) Depr Acum Veíc	(400)	Desp Mat Exped	(220)
Móveis e Utensílios	5.000	Desp de Salários	(3.000)
(-) Depr Acum. M&U	(42)	Des Depreciação	(442)
TOTAL	109.838	TOTAL	109.838

<u>Observações:</u>

- A conta Despesas de Depreciação recebeu o valor calculado da depreciação mensal, R$ 42, relativa aos móveis e utensílios da empresa. O saldo anterior desta conta era de R$ 400; somado com os R$ 42, ela agora totaliza R$ 442. Ela está registrada no grupo do patrimônio líquido, pois é a técnica que estamos utilizando nesta etapa do curso, de registrar diretamente no patrimônio líquido as contas de receitas e despesas.

- No ativo, abrimos a conta Depreciação Acumulada de Móveis e Utensílios no valor de R$ 42 a fim de registrar a perda de valor em uma conta separada da conta Móveis e Utensílios.

- Poderíamos ter diminuído os R$ 42 diretamente dos R$ 5.000 que representam o valor da conta Móveis e Utensílios. Mas se fizéssemos isto perderíamos no balanço patrimonial a informação relativa ao valor histórico de aquisição do bem.

- Utilizando uma conta separada, teremos as duas informações: o valor histórico e o valor da depreciação que se acumulou com o tempo. Se subtrairmos o valor da depreciação acumulada do valor histórico do bem, teremos uma nova informação, chamada *valor contábil* do bem.

- Esta operação representa um fato modificativo diminutivo, uma vez que se trata de despesa, o que provoca redução do valor do patrimônio líquido.

- A equação do patrimônio está equilibrada após a operação, pois o ativo total e o passivo total foram diminuídos no mesmo valor de R$ 42. Assim, PL = A – PE, pois 104.038 = 109.838 – 5.800.

Agora podemos encerrar as contas de resultado que estão no patrimônio líquido e transferir o saldo delas para a conta Lucros Acumulados. Veja isto no balanço patrimonial a seguir:

Transferência de saldos de despesas para lucros acumulados

BALANÇO PATRIMONIAL			
ATIVO		PASSIVO	
Caixa	24.100	Contas a Pagar	2.800
Bancos	41.000	Salários a Pagar	3.000
Contas a Receber	16.000	PATRIMÔNIO LÍQUIDO	
Estq Mat Expediente	180	Capital Social	100.000
Veículos	24.000	Luc Acumulados	4.038
(-) Depr Acum Veíc	(400)	Desp Mat Exped	0
Móveis e Utensílios	5.000	Desp de Salários	0
(-) Depr Acum M&U	(42)	Desp Depreciação	0
TOTAL	109.838	TOTAL	109.838

Observações:

- O saldo da conta Lucros Acumulados era de R$ 7.700 e foi subtraído do saldo das Despesas de Material de Expediente (R$ 220), das Despesas de Salários (R$ 3.000) e das Despesas de Depreciação (R$ 442).

- Agora a conta Lucros Acumulados registra saldo de R$ 4.038, enquanto as contas de despesas estão com seus saldos zerados. Isto no permite eliminar do relatório essas três despesas. Veja a seguir:

Transferência de saldos de despesas para lucros acumulados

BALANÇO PATRIMONIAL			
ATIVO		PASSIVO	
Caixa	24.100	Contas a Pagar	2.800
Bancos	41.000	Salários a pagar	3.000
Contas a Receber	16.000	PATRIMÔNIO LÍQUIDO	
Estq Mat Expediente	180	Capital Social	100.000
Veículos	24.000	Luc Acumulados	4.038
(-) Depr Acum Veíc	(400)		
Móveis e Utensílios	5.000		
(-) Depr Acum M&U	(42)		
TOTAL	109.838	TOTAL	109.838

Aqui encerramos a contabilização das operações através da técnica de balanços sucessivos.

No próximo capítulo vamos estudar estas mesmas operações, mas desta vez usando:

- O mecanismo do débito e do crédito. Aprenderemos qual o significado de o que debitar e creditar significam do ponto de vista da contabilidade.

- Vamos estudar o uso dos razonetes a fim de compreendermos melhor o que significa lançar a débito e lançar a crédito.

- Conheceremos o livro diário. Vamos entender sua utilidade e como se fazem nele os lançamentos das operações contábeis.

- Aprenderemos sobre o livro-razão. Faremos a transcrição das operações registradas no livro diário para o livro razão. Vamos constatar a importância do livro-razão na preparação dos relatórios contábeis.

- Estudaremos a preparação de balancetes de verificação como forma elementar de analisar a correção dos lançamentos efetuados.

Exercícios do Capítulo 3

1. Considere a equação do patrimônio: $A = PE + PL$. Para cada item abaixo dê exemplo de uma operação que mantém o equilíbrio desta equação e que causa, simultaneamente:

   a. Aumento de ativo e diminuição de ativo

   b. Aumento de ativo e aumento de passivo

   c. Diminuição de ativo e diminuição de passivo

   d. Aumento de ativo e diminuição de passivo

   e. Aumento do passivo e diminuição do passivo

2. Considere a equação do patrimônio: $A = PE + PL$. Para cada item abaixo dê exemplo de uma operação que mantém o equilíbrio desta equação e que causa, simultaneamente:

   a. Aumento de ativo e aumento do patrimônio líquido

   b. Diminuição do passivo e aumento do patrimônio líquido

   c. Aumento do ativo, diminuição do ativo e aumento do patrimônio líquido

   d. Aumento do passivo e diminuição do patrimônio líquido

   e. Aumento do ativo, diminuição do ativo e diminuição do patrimônio líquido

3. Indique o relatório correspondente às características mencionadas

   a. Apresenta a situação econômica e patrimonial da empresa relativa a um determinado momento. É um instantâneo, uma fotografia da situação atual da empresa. Separa claramente o patrimônio da empresa em bens, direitos e obrigações. E mostra a riqueza da empresa pela diferença entre o patrimônio bruto e as obrigações com terceiros.

b. Mostra o resultado de um exercício, indicando se houve lucro ou prejuízo decorrente das operações. Apresenta uma evolução dinâmica, por mostrar como a riqueza da empresa se movimentou ao longo do período. Apresenta os ganhos e as perdas em operações financeiras e mostra o quanto foi gasto no período com propaganda e com depreciação.

4. Responda aos itens a seguir:

   a. Qual relatório contábil faz o confronto entre receitas e despesas?

   b. Qual conta faz a interligação entre o balanço patrimonial e a demonstração do resultado do exercício?

   c. O que distingue contas patrimoniais das contas de resultado?

   d. O que distingue operações patrimoniais de operações de resultado?

   e. Qual a exigência para que um fato seja considerado contábil e não meramente um fato administrativo sem interesse imediato para a contabilidade?

5. Responda os itens a seguir:

   a. Qual livro contábil é escriturado segundo a ordem cronológica dos fatos?

   b. Qual livro tem escrituração sistemática na forma de "uma conta por folha"?

   c. Quais as contas utilizadas em uma abertura de empresa com capital integralizado parte em dinheiro e parte em mercadorias?

   d. Qual nome que se pode dar a um fato contábil que não altera o patrimônio líquido?

   e. Qual o nome que se pode dar a um fato contábil que altera o patrimônio líquido?

6. Responda os itens a seguir:

a. Escreva a equação fundamental do patrimônio usando os termos origens e aplicações e esclareça quais são as origens e quais são as aplicações no balanço patrimonial

b. Quais as contas envolvidas numa compra de equipamentos à vista? Que tipo de fato é este?

c. Qual conta do passivo exigível representa a obrigação pela aquisição a prazo de mercadorias para revenda?

d. Por que a aquisição de um veículo não representa uma despesa?

e. Como o valor de um veículo se converte em despesa?

7. Responda os itens a seguir:

a. Qual grupo patrimonial representa uma forma de riqueza da empresa?

b. Qual conta representa valor imediatamente disponível?

c. O que acontece com o valor histórico de um bem que já foi integralmente depreciado e ainda permanece em uso na empresa?

d. A aquisição de mercadorias para revenda não é fato gerador de despesa. Quando o valor destas mercadorias se converterá em despesa?

e. Adiantamento de clientes e adiantamento a fornecedores. Qual representa direito e qual representa obrigação?

8. Responda os itens a seguir:

a. Mencione as contas envolvidas em uma prestação de serviços em que metade do valor foi recebida à vista e metade foi parcelada.

b. Operações de resultado causam fatos modificativos. Isto está correto? Por quê?

c. Quais as contas usadas em um pagamento de duplicata com desconto por antecipação?

d. Quais as contas usadas em uma venda de mercadorias com desconto?

e. Se uma venda é feita sem lucro, não precisa apurar o resultado. Certo? Por quê?

9. Responda os itens a seguir:

   a. O que são receitas?

   b. Qual o fato gerador de receitas?

   c. O que são despesas?

   d. Qual o fato gerador de despesas?

   e. "É o sacrifício para se obter a receita". A que se refere este comentário?

10. Responda os itens a seguir:

    a. Qual a diferença entre custo e despesa?

    b. O que são aluguéis ativos?

    c. O que são aluguéis passivos?

    d. Qual a diferença entre juros ativos e juros passivos?

    e. Qual a diferença entre Seguros Antecipados e Despesas de Seguros?

11. Responda os itens a seguir:

    a. O que caracteriza uma receita no regime de caixa?

    b. O que caracteriza uma despesa no regime de caixa? (A saída do dinheiro, independentemente do recebimento do serviço ou do produto adquirido)

    c. O que caracteriza a receita no regime de competência?

    d. O que caracteriza a despesa no regime de competência?

    e. Qual o regime de contabilização de receitas e despesas admitido pela legislação brasileira?

12. Responda os itens a seguir:

a. Veja estes fatos: assinatura do contrato de prestação de serviços, prestação efetiva dos serviços contratados, recebimento do valor pelos serviços prestados. Qual deles caracteriza uma receita pelo regime de competência? E pelo regime de caixa?

b. Se o cliente adianta parte do valor do serviço a ser prestado, pode-se dizer que houve receita?

c. Uma empresa comercial adiantou parte do valor da mercadoria que está comprando para revenda, mas que ainda não está disponível no fornecedor. Quais as contas que o comprador utilizará no registro deste fato, considerando o regime de competência?

d. O que são despesas antecipadas de seguros?

e. Quais as contas envolvidas no registro de uma contratação de aluguel com pagamento adiantado válido por um ano?

13. Responda os itens a seguir:

a. Qual um outro nome apropriado para a conta Receitas Antecipadas?

b. Dê exemplos de uma conta de obrigação que se transformará em receita.

c. Dê exemplo de um direito que se converterá em despesa.

d. As despesas e os custos são declarados na demonstração do resultado do exercício. Como estes valores se conectam ao balanço patrimonial?

e. O que é a apuração do resultado do exercício e qual sua utilidade?

14. Responda os itens a seguir:

a. O que são gastos?

b. O que é desembolso?

c. O que é investimento?

d. O que é um *gasto ativado*?

e. Por que a aquisição de material de consumo não é despesa?

15. Responda os itens a seguir:

   a. O que é a apuração do resultado do exercício?

   b. Quando a empresa deve fazer a apuração do resultado?

   c. O que são os lançamentos de ajustes e qual a sua importância para a apuração do resultado do exercício?

   d. Quais os tipos de ajustes mais comuns?

   e. Quais as consequências de não se fazer os ajustes de final de exercício?

16. Responda os itens a seguir:

   a. A determinação dos estoques finais de todos os materiais, mercadorias e produtos é parte integrante dos ajustes de final de exercício. Por quê?

   b. Como se determinam os estoques finais dos diversos bens de uma empresa?

   c. Qual a fórmula usada para se determinar o custo dos materiais consumidos ou vendidos?

   d. Quando ocorre o fato gerador das despesas de salários?

   e. Por que os gastos com salários no setor de produção na indústria não representam despesas com salários?

17. Responda os itens a seguir:

   a. Qual a referência para se determinar o valor da depreciação anual de um bem?

   b. Se um bem tem vida útil determinada em lei de 20 anos, qual a sua taxa de depreciação anual?

   c. Se um bem tem vida útil prevista de 5 anos, qual sua taxa de depreciação mensal com aproximação de um décimo?

   d. Qual a taxa de depreciação anual de terrenos?

   e. A depreciação alcança que tipo de bens?

18. Responda os itens a seguir:

a. Quais as contas envolvidas no registro da depreciação de equipamentos?

b. Por que se usa a conta Depreciação Acumulada em vez de diminuir o valor da depreciação diretamente do valor histórico do bem?

c. O que é valor contábil de um bem tangível?

d. Em quais relatórios contábeis as contas envolvidas na depreciação são apresentadas?

e. Por que a aquisição de bens para o ativo fixo não é considerada fato gerador de despesa?

19. Considere as contas a seguir e determine o resultado do exercício e indique se houve lucro ou prejuízo:

Despesas de Salários	100
Despesas Antecipadas de Seguros	200
Receitas de Prestação de Serviços	900
Receitas Financeiras	80
Despesas de Depreciação	20
Receitas Antecipadas de Vendas	150
Custos dos Serviços Prestados	500

20. Considere as contas a seguir e determine o valor do ativo total:

Contas a Pagar	300
Clientes	500
Despesas Antecipadas de Aluguéis	400
Antecipação de Clientes	120
Depreciação Acumulada de Veículos	80
Veículos	420
Caixa e Bancos	180
Receitas de Vendas	900
Despesas Gerais	450

21. Considere as contas a seguir e determine o valor do patrimônio líquido:

Contas a Pagar	300
Clientes	500
Despesas Antecipadas de Aluguéis	400

Antecipação de Clientes	820
Depreciação Acumulada de Veículos	80
Veículos	420
Caixa e Bancos	180
Móveis e Utensílios	300
Estoques de Mercadorias para Revenda	3.000
Salários a Pagar	1.000
Contas a Pagar	700

4 – ESCRITURAÇÃO POR DÉBITOS E CRÉDITOS

Objetivos

- Explicar o mecanismo do débito e do crédito
- Compreender o uso dos razonetes para registrar os débitos e créditos
- Fazer a escrituração de operações no livro diário
- Realizar a transcrição das operações do livro diário para o livro-razão
- Aprender a usar balancetes de verificação como etapa preparatória para a elaboração dos relatórios contábeis
- Preparar os relatórios contábeis a partir das informações constantes do livro-razão e do balancete de verificação

O mecanismo do débito e do crédito

A técnica dos balanços sucessivos nos permite verificar o que ocorre com o balanço patrimonial a cada operação registrada. Ao compreender o efeito que as operações causam no principal relatório gerado pela contabilidade, os ganhos de aprendizado são evidentes.

Esta técnica de escrituração permite que se verifique as variações que ocorrem em cada grupo a partir dos registros das operações. É possível observar como se comportam o ativo, o passivo e o patrimônio líquido a cada registro, e assim conhecer a situação econômica da empresa.

No capítulo anterior eu fiz a apuração do resultado dentro o grupo do patrimônio líquido, em vez de utilizar o demonstrativo de resultado. Ao apurarmos o resultado das operações dentro do patrimônio líquido, eu fiz uma simplificação do que ocorre quando a empresa confronta receitas com despesas. Este confronto, na realidade, deve ser exposto em um relatório separado, a Demonstração do Resultado do Exercício (DRE), onde se determina o resultado das operações.

Trabalhei direto no balanço patrimonial apenas por questões didáticas, a fim de mostrar uma visão dos registros de operações que eu acredito que prepara o estudante para melhor entender os lançamentos de acordo com os critérios do débito e do crédito. E desenvolve uma compreensão abrangente da contabilidade e de seu principal relatório.

O uso dos balanços sucessivos como técnica de escrituração de operações contábeis, é inviável na prática devido ao grande volume de operações que ocorrem nas empresas. A elaboração de balanços patrimoniais é esporádica e só ocorre ou quando a administração da empresa a solicita ou para atender exigência da lei, ao término do exercício social.

As operações, na rotina de uma empresa, vão sendo registradas em livros próprios. Para isto, as contas desempenham papel fundamental, identificando os elementos patrimoniais envolvidos em cada operação. Os principais livros utilizados para os registros dos fatos contábeis são o Livro Diário e o Livro Razão.

Nesta lição iremos conhecer a escrituração em sua forma tradicional. Utilizaremos os razonetes em substituição ao livro-razão para mostrarmos com mais concisão e clareza a técnica do débito e do crédito. Mostraremos também o livro diário e sua utilização, entretanto, a escrituração que faremos nele será resumida, para não deixar este texto longo demais por causa de explicações desnecessárias aos nossos propósitos. Apenas uma amostra do uso mais completo do livro diário é suficiente para se perceber que não é necessário ao aprendizado uma longa sequência de registros completos neste livro.

Livro razão: visão geral

Este é um livro obrigatório e, do ponto de vista contábil, o mais importante para a empresa. Sua utilidade na preparação do balanço patrimonial e do demonstrativo de resultados é incontestável. Pode ter a aparência de um livro ou se constituir de fichas, onde cada uma delas representa uma conta. Os fatos vão sendo registrados nestas fichas e, ao final do período, elas são encadernadas formando um livro. Para se saber a situação de um elemento patrimonial específico, como estoques, pode-se lançar mão da ficha do livro razão que o controla, pois nela estarão informações sobre o saldo inicial, as aquisições (entradas), as baixas (saídas) e valor do saldo final do componente patrimonial.

O avanço da informática facilitou o preenchimento e a impressão deste livro e de outros, que assumiram a forma digital. E assim, cada conta (ficha) fica registrada em meio magnético que, após a emissão de listagem e seu devido encadernamento, constituirá o livro razão.

Mostramos a seguir uma forma de apresentação de uma ficha (ou folha) que compõe este livro. Outras formas podem ser especificadas pela área de contabilidade da empresa, dependendo das informações que se deseje obter.

Modelo de ficha do Livro Razão

Título da Conta:		Código da Conta:			
Data	Histórico	Débito	Crédito	Saldo	D/C

No modelo de ficha de livro Razão acima, você vê os principais elementos que constituem uma conta no Livro Razão, são eles:

<u>Título da Conta</u>

Cada ficha representa uma conta apenas. Esse título pode agrupar diversos elementos de mesmas características ou natureza. Por exemplo: as cadeiras, mesas e armários podem ser agrupados, todos, na conta Móveis e Utensílios. A área de controle de patrimônio é que assume a responsabilidade pelo acompanhamento de cada item incorporado à conta Móveis e Utensílios. Esta área mantém informações sobre data de aquisição, valor individual, localização do bem na empresa e pessoa responsável por sua guarda, entre outras.

Diversos valores a receber, como duplicatas e promissórias, poderiam ser agrupados em uma ficha cujo título seria Contas a Receber. A mesma ideia poderia ser aplicada aos valores a pagar. A área financeira da empresa cuida das informações relacionadas aos detalhes mais minuciosos de cada valor a receber ou a pagar.

Histórico

Descreve brevemente a operação ou menciona a contrapartida da operação. Por contrapartida se entende a outra conta utilizada na operação. Algumas vezes esta coluna pode ser utilizada para fazer uma menção à página do livro diário onde a operação está registrada com mais detalhes.

Em cada operação há sempre pelo menos duas contas utilizadas, como vimos nos registros por balanços sucessivos e como será visto logo adiante no método do débito e do crédito.

Débito

Esta coluna registra o valor debitado na conta relativa à ficha que se está usando no momento.

Crédito

Registra quanto foi creditado na conta devido à operação. Para uma mesma operação, ou é feito um débito ou um crédito na ficha do livro razão relativa à conta em uso. Uma conta do livro razão nunca recebe, em relação a uma operação, débito e crédito ao mesmo tempo, pois isto contraria a lógica deste mecanismo.

Saldo

Indica qual o saldo existente na conta, após o registo da última operação. Este saldo é resultante da diferença entre o total de débitos e o de créditos realizados.

<u>D/C</u>

Indica se o saldo existente é devedor ou credor.

Após termos feita uma apresentação inicial do livro razão, muitas coisas carecem de melhor explicação. É o que faremos agora.

Mecanismo do Débito e do Crédito

A fim de explicamos como funciona o registro das operações no Livro Razão, precisamos conhecer o mecanismo do débito e do crédito. Para isto, utilizaremos uma simplificação de uma ficha do Livro Razão, que é uma representação gráfica de uma conta, chamada "razonete em T", ou simplesmente razonete.

Portanto, razonete é a representação gráfica de uma conta, e tem a seguinte forma:

Título da Conta

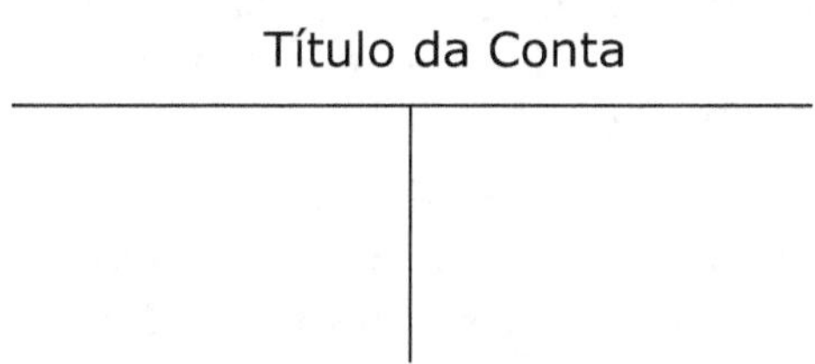

O razonete é utilizado para se registrar valores, tanto de um lado quanto de outro. O importante a se notar é que o lado esquerdo é o lado do débito e o direito o do crédito. Isso é mera convenção. Aceite isso e decore. Com o tempo e o estudo você vai perceber que existe uma lógica precisa para ser assim. Mas por enquanto apenas aceite e trabalhe em exercícios até guardar bem esse funcionamento.

Ao se colocar um valor no lado esquerdo, está-se fazendo um *lançamento a débito*; e no lado direito, um *lançamento a crédito*. Em contabilidade, lançar valores a débito não representa algo desfavorável, da mesma forma que lançar valores a crédito não representa algo favorável. São meras convenções e o leigo não deve se deixar confundir por conceitos já arraigados em seu cotidiano e que têm origem na Economia.

Um título sobre o razonete irá especificar em qual conta se está fazendo o lançamento.

Título da Conta

Débito	Crédito

Durante o período, com as operações da empresa transcorrendo, vão se acumulando valores no lado do débito e no lado do crédito das contas utilizadas nos registros. Às vezes pode ser necessário saber o saldo de uma, de várias ou de todas as contas, a fim de preparar os relatórios contábeis ou apenas tomar decisões. Para encontrar o saldo da conta, devemos antes somar os valores debitados e os valores creditados, anotando-os na linha inferior.

A diferença entre o total dos débitos e o total dos créditos feitos em uma conta (razonete) durante um determinado período, dará o saldo da conta. Se o total dos valores lançados a débito for maior que o dos valores lançados a crédito, coloca-se esse saldo na coluna dos débitos e diz-se que a conta tem saldo devedor. Isto não significa que é algo ruim, é apenas uma convenção, como já afirmamos. Se ocorrer o contrário (total dos créditos maior que o total dos débitos), coloca-se o saldo no lado do crédito e diz-se que a conta tem saldo credor. Veja dois exemplos abaixo e acompanhe a totalização de cada coluna bem como o saldo apurado, bem como a natureza do saldo.

Duplicatas a Receber		Duplicatas a Pagar	
Débito	Crédito	Débito	Crédito
150	100	200	250
230	260	170	320
420			140
800	360 ⇐ Somas ⇒ 370	710

440		⇐ Saldos ⇒	340
SALDO DEVEDOR			**SALDO CREDOR**

E quando se deve lançar a débito ou a crédito?

Já vimos nas lições anteriores que as operações podem provocar aumentos ou diminuições no ativo, no passivo ou no patrimônio líquido. Como os razonetes têm dois lados, um deles serve para os aumentos e o outro para as reduções em seus saldos. Há contas que têm seus saldos aumentados com lançamentos a débito e, consequentemente, diminuídos com lançamentos a crédito. Outras contas se comportam de forma oposta, ou seja, seus saldos aumentam com lançamentos a crédito e diminuem com lançamentos a débito.

Observe que, enquanto o balanço patrimonial é a representação gráfica de todas as contas do patrimônio, o razonete é a representação gráfica de apenas uma conta. Isto significa que todas as contas constantes de um balanço patrimonial, podem ser colocadas, cada uma, em um razonete diferente, bastando saber se o saldo da conta deve ser colocado no lado do débito ou no lado do crédito.

Quem desempenha o papel de um grande razonete é o livro razão. Cada folha ou ficha dele se assemelha a um razonete, com a diferença de que é repleto de outros detalhes, como código da conta, data de lançamento e a página do livro diário.

A propósito, é no livro diário onde estão outros detalhes bem específicos que orientam cada lançamento. No livro diário há inclusive um histórico contando o motivo daquele lançamento ter sido efetuado, incluindo o tipo e o número do documento que serviu de suporte ao registro.

Influências do débito e do crédito nas contas do Ativo

As contas deste grupo, o ativo, como você já sabe, é convencionado se posicionar no lado esquerdo do balanço patrimonial. Isto significa que numa operação em que o ativo aumenta o seu saldo, será aumentado o total do lado esquerdo do balanço patrimonial.

Fazendo associação com o razonete, onde o lado esquerdo é o do débito, podemos dizer que se uma operação provoca aumento do ativo (lado esquerdo do balanço patrimonial), a conta deverá receber, no razonete, lançamento também do lado esquerdo, ou seja, o lado do débito. Portanto, podemos fazer a seguinte generalização:

> As contas do ativo têm seus saldos aumentados com lançamento a débito e, por consequência, diminuídos com lançamentos a crédito.

| Contas do Ativo ||
Débito	Crédito
(+)	(-)
Aumentam	Diminuem

As contas do ativo representam bens e direitos de uma empresa. Como, em geral, não há bens nem direitos com valores negativos, e o ativo aumenta a débito, as contas desse grupo devem ter saldo devedor. Ou seja, as contas do ativo têm *natureza devedora*.

Exemplo:

| Caixa ||
Débito	Crédito
150	100
230	260
420	
800	360
440	

O razonete ao acima está mostrando que entraram (foram debitados) na conta Caixa R$ 150, R$ 230 e R$ 420, e que saíram da conta Caixa (foram creditados) R$ 100 e R$ 260. O total dos débitos, ou seja, das entradas de caixa, foi de R$ 800, e o dos créditos (as saídas de caixa) foi de R$ 360. Subtraindo o menor valor do maior, apura-se o saldo de R$ 440. Este valor deve ser colocado na coluna onde está a maior soma. Como se vê, este saldo tem natureza devedora.

Observação: As contas do Ativo têm, por convenção, natureza devedora, ou seja, os saldos dessas contas são sempre a débito. Há exceções, que serão tratadas no momento oportuno.

Por este exemplo, se alguém for ao caixa da empresa e contar quanto há de dinheiro nele, deverá encontrar, exatamente, R$ 440. É assim que a área financeira e a de auditoria acompanha o saldo de caixa.

Influências do débito e do crédito nas contas do Passivo

As contas deste grupo, como você já sabe, é convencionado se posicionar no lado direito do balanço patrimonial. Isto significa que numa operação em que o passivo tem seu saldo aumentado, o total do lado direito do balanço patrimonial também aumentará.

Fazendo associação com o razonete, onde o lado direito é o lado do crédito, podemos dizer que se uma operação provoca aumento do passivo (lado direito do balanço patrimonial), a conta deverá receber, no razonete, lançamento também do lado direito, ou seja, o lado do crédito. Portanto, podemos fazer a seguinte generalização:

> As contas do passivo têm seus saldos aumentados com lançamento a crédito e, por consequência, diminuídos com lançamentos a débito.

Contas do Passivo	
Débito	Crédito
(-)	(+)
Diminuem	Aumentam

As contas do passivo representam obrigações de uma empresa. Como, em geral, não há obrigações com valores negativos, e o passivo aumenta a crédito, as contas desse grupo devem ter saldo credor. Ou seja, as contas do passivo têm *natureza credora*.

Exemplo:

Contas a Pagar	
Débito	Crédito
200	250
170	320
	140
370	710

O razonete acima mostra que a empresa assumiu obrigações ao creditar Contas a Pagar nos valores de R$ 250, R$ 320 e R$ 140 (aumentando o Passivo em R$ 710). Dessas obrigações a empresa pagou (e por isso debitou a mesma conta) em R$ 200 e R$ 170 (diminuindo o Passivo em 370). Subtraindo 370 de 710, calculamos o saldo da conta e descobrimos que ele é credor em R$ 340. Esta é a quantia que a empresa ainda deve nesta conta. Assim, o saldo restante de Contas a Pagar é R$ 340 e deve ser colocado na coluna que tem a maior soma; neste caso, a coluna dos créditos.

<u>Observação</u>: As contas do Passivo têm, por convenção, natureza credora, ou seja, os saldos dessas contas são sempre a crédito (salvo algumas exceções).

Influências do débito e do crédito nas contas do patrimônio líquido

As contas do patrimônio líquido localizam-se também no lado direito do balanço patrimonial. Exatamente por isso têm comportamento idêntico às contas do grupo do passivo exigível. Assim, as contas do patrimônio líquido têm seus saldos aumentados quando são creditadas, diminuindo-se este saldo quando são debitadas.

Portanto, uma operação que ocasione aumento do Patrimônio Líquido, também aumentará o saldo no lado direito do Balanço Patrimonial.

Fazendo associação com o razonete, onde o lado direito é o do crédito, podemos dizer que se uma operação provoca aumento do Passivo, a conta deverá receber, no razonete, lançamento no lado direito, ou seja, o lado do crédito.

Assim sendo, podemos fazer a seguinte generalização:

As contas do patrimônio líquido têm seus saldos aumentados com lançamentos a crédito e, por consequência, diminuídos com lançamentos a débito.

Contas do Patrimônio Líquido

Débito	Crédito
(-)	(+)

Diminuem	Aumentam

As contas do patrimônio líquido representam obrigações de uma empresa para com os proprietários em caso de extinção do negócio. Como, em geral, não há obrigações com valores negativos, e o patrimônio líquido aumenta a crédito, as contas desse grupo devem ter saldo credor. Ou seja, as contas do patrimônio líquido têm *natureza credora*.

Exemplo:

Reservas de Lucros

Débito	Crédito
450	350
310	280
	240
760	870
	110

O razonete acima mostra que a conta Reservas de Lucros, do grupo do patrimônio líquido, foi aumentada (e, por isso, creditada) em R$ 350, R$ 280 e R$ 240 e diminuída (debitada) em R$ 450 e R$ 310. O total dos créditos (R$ 870) ultrapassou o total dos débitos (R$ 760) em R$ 110, sendo este o saldo da conta. Um saldo credor.

Observação: As contas do Patrimônio Líquido têm, por convenção, natureza credora, ou seja, os saldos dessas contas são sempre a crédito (há exceções).

Aplicação do mecanismo de débito e crédito

Vamos agora treinar o mecanismo do débito e do crédito em uma sequência de operações. No capítulo anterior nós registramos várias operações através da técnica dos balanços sucessivos, onde, para cada operação levantávamos um balanço patrimonial para verificar a situação do patrimônio da empresa. Vamos registrar aquelas mesmas operações utilizando os razonetes.

Observe como o ativo e o passivo se comportam a cada operação. Você constatará que os débitos em contas do ativo aumentam o seu saldo, enquanto os créditos o diminuem. Já as contas de passivo terão seus saldos aumentados ao serem creditadas e diminuídos ao serem debitadas. Mas, e principalmente, tenha em mente que débito e crédito são convenções, não indicando ser algo "bom" ou "ruim" para as contas onde estão sendo registradas as operações.

Sim, são convenções em termos. Existe uma poderosa lógica que justifica o uso do mecanismo de débito e de crédito da forma como é feito.

A fim de facilitar o trabalho de lançamento dos valores nos razonetes, procure assimilar o esquema abaixo.

Resumo do mecanismo de débito e crédito

CONTAS	Efetua-se lançamento a	
	Débito para	Crédito para
Ativo	(+)	(-)
Passivo	(-)	(+)
Patrimônio Líquido	(-)	(+)

Método das Partidas Dobradas

Quando, no capítulo anterior, utilizamos a técnica dos balanços sucessivos para registrar as operações, você percebeu que cada operação exigia registros em duas contas. Por exemplo, ao sacarmos dinheiro no banco, foram utilizadas as contas Bancos (de onde saiu o dinheiro) e Caixa (para onde foi o dinheiro). Essa sistemática garante que:

➢ se conheça a origem do recurso e onde ele foi aplicado;

➢ o ativo será sempre igual ao passivo: se mexer de um lado vai mexer do outro para que esta igualdade seja mantida;

➢ a Equação Fundamental do Patrimônio (PL = A − PE) manterá seu equilíbrio.

Agora, usando razonetes para registrar as operações, também iremos necessitar sempre de duas contas, no mínimo. Uma conta será debitada num determinado valor, e a outra será creditada nesse mesmo valor.

Esta sistemática de débitos e créditos simultâneos e nos mesmos valores, permite o enunciado do Método das Partidas Dobradas, utilizado em todos os lançamentos contábeis:

> A todo débito corresponde um crédito de igual valor.

Quando são usadas mais de duas contas para se registrar uma operação, esse método continua válido de tal forma que:

> A todo débito em uma ou mais contas, deverá corresponder um crédito equivalente em uma ou mais contas, de forma que a soma dos valores debitados seja rigorosamente igual à soma dos valores creditados.

Este método é universalmente aceito e significa dizer que "não há débito sem crédito", ou, ainda, que "não há devedor sem credor".

O mecanismo do débito e do crédito em operações que não modificam o patrimônio líquido

Primeiramente vamos trabalhar esse mecanismo realizando operações que envolvam apenas contas patrimoniais. As operações não provocarão modificações no grupo do patrimônio líquido, uma vez que elas não envolverão contas de resultado (receitas e despesas). Ou seja, trabalharemos inicialmente apenas os fatos permutativos.

1ª Operação – Constituição de uma empresa

Constituição da empresa Entregas Rápidas Ltda., com um capital inicial de R$ 100.000, depositados em conta corrente.

É necessário determinar, primeiro, as contas que serão utilizadas no registro da operação. Neste caso, são as contas Bancos Conta Movimento (que chamaremos apenas de Bancos) e Capital Social. A conta Bancos irá registrar o valor depositado na conta corrente e a conta Capital Social indicará o investimento inicial feito pelos sócios.

A conta Bancos pertence ao ativo, que será aumentado com a entrada desse recurso. Pesquisando a tabela acima, descobrimos que as contas do ativo, para terem seus saldos aumentados, devem ser debitadas, portanto, deve-se fazer um débito na conta Bancos. Mas isto não basta: se fizemos um débito, o método das partidas dobradas nos indica que temos de fazer pelo menos um crédito em outra conta.

A conta Capital Social pertence ao patrimônio líquido, que será aumentado com o registro do investimento dos sócios. A tabela que resume o mecanismo do débito e do crédito nos indica que as contas do patrimônio líquido, para terem seus saldos aumentados, devem ser creditadas. Portanto, deve-se fazer um crédito de igual valor na conta Capital Social.

Registro do Capital Social depositado em Banco, representando a constituição da empresa

Bancos		Capital Social	
Débito	Crédito	Débito	Crédito
100.000			*100.000*

Observe nesta operação que a origem do recurso é a conta Capital Social, e que a aplicação do recurso se dá na conta Bancos. Uma excelente explicação para o entendimento do mecanismo do débito e do crédito é esta a seguir:

A conta que representa a <u>origem do recurso</u> deve ser sempre creditada, e a conta onde é feita a <u>aplicação do recurso</u>, deve ser invariavelmente debitada.

Partindo deste conceito, vemos que a origem do recurso que ingressou no banco é a conta Capital Social, que representa o aporte financeiro feito pelos sócios na empresa, para a sua constituição. Assim, a Conta Capital Social, representando a origem do recurso é creditada. E por quê? Porque ela é credora, ela forneceu o recurso.

Já a conta Bancos foi debitada porque recebeu o recurso. Ela é devedora. De quem? Nesta operação podemos ver que a conta Bancos é devedora do recurso que tem à conta Capital Social.

O recurso foi *aplicado* na conta Bancos. Portanto, esta conta foi debitada. Esta aplicação teve origem na conta Capital social e, por isso, ela deve ser creditada. Simples assim: origem é crédito, aplicação é débito.

No livro diário

Ainda não comentei nada sobre o livro diário. Mas quero fazer também os lançamentos utilizando o formato adotado por este livro. Em outra oportunidade farei outros comentários sobre ele.

Apresentar aqui o lançamento que é feito no livro diário é útil para uniformizar a compreensão do mecanismo do débito e do crédito. E isto ajuda a entender por que muitas vezes os contadores, antes de fazerem os lançamentos no livro diário, utilizam os razonetes para compreender quais contas são debitadas e quais são creditadas em um lançamento complexo.

LIVRO DIÁRIO				Pág. 2
Data	Descrição	Ref.	Débito	Crédito
Dez 1	Bancos	02	100.000	
	a Capital Social	31		100.000
	Hist.: Abertura da empresa			

Observe o lançamento acima feito com detalhes no livro diário. Ele apresenta aspectos que são observados na maioria dos livros diários oficiais das empresas. Eu resumi algumas informações e isto não prejudica o entendimento. Principais informações observadas em lançamentos no livro diário:

- Data da operação: é a data que consta do documento utilizado no registro
- Conta debitada: é a conta que recebeu o valor a débito. Neste caso foi a conta Bancos.
- Conta creditada: é a conta que recebeu o valor a crédito. Neste caso foi a conta Capital Social. Quando o lançamento não é feito em meio digital, e sim em livro de papel, costuma-se colocar a letra "a" antes da conta creditada.
- Valor debitado: o valor a ser registrado como débito na conta debitada. Neste caso, R$ 100.000,00.
- Valor creditado: o valor a ser registrado como crédito na conta creditada. Neste caso, também R$ 100.000,00.

- Histórico: um breve resumo da operação. Aqui também se faz referência ao documento que serviu de suporte à operação.

Na coluna "Ref." Se faz referência ao número da conta no plano de contas da empresa.

Pois bem, acima eu mostrei uma versão mais detalhada do lançamento da operação de constituição da empresa no livro diário. Daqui em diante, utilizarei um formato mais resumido, omitindo a data, a referência e o histórico, quando esta omissão não prejudicar o entendimento. O lançamento desta operação, no formato resumido, fica assim:

Bancos	100.000	
a Capital Social		100.000

Observe que o valor lançado a débito fica mais à esquerda do que o valor lançado a crédito. Isto não é uma regra, mas é costume se fazer assim.

2a Operação – Compra à vista

Aquisição de dois veículos iguais, para entrega de encomendas, por R$ 48.000, mediante pagamento à vista.

É fácil perceber que as contas envolvidas são Veículos e Bancos.

Aquisição de veículos implica em aumento do ativo, portanto a conta Veículos deverá ser debitada e a conta Bancos deverá ser creditada. Isto porque:

- o Método das Partidas Dobradas assim exige: uma conta a débito deve corresponder a outra conta a crédito.

- a conta Veículos representa a aplicação do recurso; e aplicação é registrada a débito.

- um veículo adquirido deve ser registrado no ativo, pois se trata de um bem. Isto fará o valor total do ativo aumentar, o que exige um lançamento a débito.

- Bancos, do grupo do ativo, ao perder recurso, tem seu saldo diminuído e isto exige um crédito nesta conta. Constas do ativo diminuem o saldo através de lançamentos a crédito.

➢ Lembre-se: em um lançamento a conta que representa a origem do recurso deve receber lançamento a crédito. Este é o caso da conta Bancos nesta operação.

Então, depois destas explicações, veja o lançamento a seguir. Os valores envolvidos estão em *itálico*, numa célula sombreada.

Registro de compra de bem fixo à vista

Veículos		Bancos	
Débito	Crédito	Débito	Crédito
48.000		100.000	*48.000*

➢ Observe nesta operação que a origem do recurso é a conta Bancos, assim, ela é creditada. Além disso, a saída de recurso da conta bancária reduz o saldo do ativo. E se é para diminuir o ativo o lançamento é a crédito.

➢ A conta Veículos foi debitada, pois ela é a aplicação do recurso. Além disso, a entrada de um veículo no patrimônio da empresa faz o ativo aumentar. E se é para aumentar o ativo o lançamento é a débito.

➢ A conta Bancos tinha saldo de R$ 100.000 antes da operação. Com a saída de R$ 48.000 para a aquisição dos veículos, é evidente que seu saldo diminuiu. Se apurarmos o saldo da conta Bancos neste momento, veremos que ele é de R$ 52.000 = R$ 100.000 – R$ 48.000.

No livro diário fica assim:

Veículos	48.000
a Bancos	48.000

3a Operação – Compra a Prazo

Aquisição de cadeiras, mesas, armários, cestos de lixo e outros móveis e objetos típicos de escritórios, por R$ 5.000, para pagamento em duas parcelas.

Uma das contas a ser utilizada é Móveis e Utensílios e a outra é Contas a Pagar. Entram bens no ativo, portanto ele aumenta de valor; isto requer um débito em conta do ativo. A empresa assume obrigações e isto aumenta o passivo exigível. Se o passivo aumenta, deve ser feito um crédito na conta que representa a obrigação.

Registro de compra de bem para ativo fixo a prazo

Móveis e Utensílios		Contas a Pagar	
Débito	Crédito	Débito	Crédito
5.000			5.000

> A conta Móveis e Utensílios é debitada pois representa um aumento no valor do ativo. Além disso, trata-se de uma aplicação de recursos que têm origem em fornecedores.

> Creditei Contas a Pagar para representar a obrigação assumida pela empresa. Passivo aumenta a crédito. A origem do recurso é sempre um crédito.

> Eu poderia ter usado uma conta chamada Fornecedores, mas preferi usar Contas a Pagar.

No livro diário fica assim:

Móveis e Utensílios	5.000	
a Contas a Pagar		5.000

4ª Operação – Venda a Prazo sem lucro

Venda de um dos veículos pelo seu valor de custo (R$ 24.000), para recebimento em três parcelas.

Analisando a operação concluímos que uma das contas a ser utilizada é Veículos já que teremos de retirar do patrimônio da empresa um dos carros que foram comprados. A outra é Contas a Receber, pois a venda foi a prazo. As duas contas são do ativo, fazendo perceber que haverá uma permutação de valores: sai um bem (veículo) entra um direito (contas a receber).

Eis o lançamento:

Venda de um bem de ativo fixo a prazo e sem lucro

Contas a Receber		Veículos	
Débito	Crédito	Débito	Crédito
24.000		48.000	*24.000*

➢ Debitei Contas a Receber para representar a entrada deste direito no ativo. Como o ativo aumenta, devemos fazer um débito na conta correspondente.

➢ Creditei a conta Veículos a fim de representar a saída de um bem do ativo. Como o ativo diminuiu de valor pela saída de um veículo do patrimônio da empresa, é preciso fazer um crédito na conta representativa do bem.

➢ A conta Veículos tinha saldo de R$ 48.000 antes da venda de um dos veículos. Após a venda ficou com saldo de R$ 24.000 = (48.000 – 24.000).

➢ Os valores lançados nos razonetes relativos a esta operação estão em *itálico* numa célula sombreada: 24.000

A escrituração resumida no livro diário fica assim:

Contas a Receber	24.000
a Veículos	24.000

5ª Operação – Saque em conta bancária

Saque em conta corrente de R$ 10.000.

Aqui, a empresa fará um saque em sua conta bancária, e o dinheiro será colocado no caixa. Assim, estas são as duas contas envolvidas na operação: Bancos (origem do recurso: crédito) e Caixa (aplicação do recurso: débito). São duas contas do ativo, onde uma perde recurso e a outra ganha.

Registro de saque em conta bancária

Caixa		Bancos	
Débito	Crédito	Débito	Crédito
10.000		100.000	48.000
			10.000

➢ Debitei a conta Caixa em R$ 10.000 para representar o aumento do ativo pela entrada do recurso no caixa da empresa.

➢ Creditei a conta Bancos também em R$ 10.000 por causa da saída desse valor desta conta fazendo diminuir o total do ativo. E o saldo ativo diminui com lançamento a crédito. Já entendeu o motivo? Trata-se de origem de recurso.

A escrituração resumida no livro diário fica assim:

Caixa	10.000	
a Bancos		10.000

6ª Operação – Pagamento de uma obrigação

Pagamento, em dinheiro, de metade da obrigação assumida pela compra dos móveis e utensílios. Valor do pagamento: R$ 2.500.

Nesta operação, será usado dinheiro do caixa para pagar parte da dívida da empresa. Então, temos duas contas: Caixa (origem do recurso: crédito) e Contas a Pagar (aplicação do recurso: débito).

Registro do pagamento de uma obrigação

Contas a Pagar		Caixa	
Débito	Crédito	Débito	Crédito
2.500	5.000	10.000	2.500

➢ Contas a Pagar foi debitada em R$ 2.500 pois é conta de passivo e está diminuindo seu saldo. O passivo diminui seu saldo a débito.

➢ A conta Caixa foi creditada em R$ 2.500 pela saída do recurso do caixa para pagar a obrigação. Ao sair recurso do caixa, o ativo diminui seu saldo e isto é feito com um crédito em conta correspondente.

A escrituração resumida no livro diário fica assim:

Contas a Pagar	2.500

a Caixa	2.500

7ª Operação – Recebimento de um direito

Recebimento, em dinheiro, de um terço das contas a receber relativas à venda a prazo de um veículo de propriedade da empresa. O valor recebido é igual a R$ 8.000.

Nesta operação serão utilizadas duas contas: Caixa e Contas a receber.

Registro do recebimento de um direito

Caixa		Contas a Receber	
Débito	Crédito	Débito	Crédito
10.000	2.500	24.000	*8.000*
8.000			

> ➢ A conta Caixa foi debitada em R$ 8.000 pela entrada do dinheiro recebido. O ativo aumenta seu saldo com a entrada de dinheiro no caixa, portanto, deve ser feito um débito na conta correspondente.

> ➢ Contas a Receber foi creditada também em R$ 8.000. O crédito é feito para diminuir o saldo deste ativo.

A escrituração resumida no livro diário fica assim:

Caixa	8.000
a Contas a Receber	8.000

8ª Operação – Prestação de serviço com lucro

A empresa Entregas Rápidas prestou serviços de entrega de encomendas no valor de R$ 10.000, recebidos à vista. Entretanto, a empresa, para prestar esse serviço, teve de gastar R$ 6.000 para pagar combustível, empregados e outras despesas, também à vista.

Vamos registrar esta operação em duas etapas. Primeiro a receita de prestação do serviço e depois o custo deste serviço para a empresa Entregas Rápidas.

Registro de receita de prestação de serviços

Caixa		Receitas Prestação de Serviços	
Débito	Crédito	Débito	Crédito

10.000	2.500		*10.000*
8.000			
10.000			

> ➢ Os valores que interessam para esta operação estão registrados em *itálico* nos razonetes. Os outros valores que constam dos razonetes foram anotados em operações anteriores.

> ➢ A conta Caixa foi debitada em R$ 10.000 pela entrada do dinheiro recebido pela prestação de serviço à vista. O ativo aumenta seu saldo com a entrada de dinheiro no caixa, portanto, deve ser feito um débito na conta Caixa.

> ➢ A conta Receita de Prestação de Serviços foi creditada em R$ 10.000. As contas de receitas têm natureza credora, pois elas aumentam a riqueza da empresa.

> ➢ As receitas aumentam o lucro e este aumenta o patrimônio líquido. Como o patrimônio líquido aumenta seu saldo a crédito, as contas de receita precisam receber lançamentos a crédito.

Registro de custo de prestação de serviços

Caixa		Custos Prestação de Serviços	
Débito	Crédito	Débito	Crédito
10.000	2.500	*6.000*	
8.000	*6.000*		
10.000			

> ➢ A conta Caixa foi creditada em R$ 6.000 pela saída do dinheiro para pagar os custos de prestação do serviço. Se o ativo perde recurso a conta correspondente à saída do recurso deve ser creditada.

> ➢ A conta Custos de Prestação de Serviços foi debitada em R$ 6.000. Esta conta tem a mesma natureza das contas de despesa, ou seja, natureza devedora. Isto porque estas contas diminuem o lucro da empresa e, ao fazer isto, diminuem o valor do patrimônio líquido. E isto deve ser feito com lançamento a débito.

Estas duas contas, uma de receita e outra de despesa, se juntarão a outras contas de receitas e despesas ao longo do exercício social. E ao término deste exercício, serão confrontadas para determinar se o resultado de todas as operações aumentou ou diminuiu a riqueza da empresa. Se o resultado do confronto for lucro, a riqueza terá aumentado. Isto quer dizer que o patrimônio líquido aumentou, pois é através dele que se mede a riqueza contábil de uma companhia.

A escrituração resumida da receita no livro diário fica assim:

Caixa	10.000	
a Receita de Prestação de Serviços		10.000

Abaixo apresento a escrituração resumida do custo da prestação dos serviços, feita no livro diário:

Custo da Prestação de Serviços	6.000	
a Caixa		6.000

9ª Operação: Contratação de serviço para prestação futura

A empresa Entregas Rápidas Ltda assinou um contrato onde se compromete a prestar serviços de coleta e entrega de encomendas durante trinta dias, recebendo do cliente o pagamento total adiantado pelo serviço. Valor do contrato: R$ 12.000.

Como a empresa recebeu adiantado o dinheiro, surge para ela uma obrigação de prestar o serviço.

Contas envolvidas na operação: Caixa, pelo recebimento do dinheiro antecipado, e Adiantamento de Clientes, pela obrigação assumida.

Recebimento antecipado de serviço a ser prestado

Caixa		Adiantamento de Clientes	
Débito	Crédito	Débito	Crédito
10.000	2.500		*12.000*
8.000	6.000		
10.000			
12.000			

➢ A conta Caixa foi debitada em R$ 12.000 pela entrada do dinheiro recebido adiantado para garantir futura prestação de serviços. Se o ativo ganha recurso a conta correspondente à entrada do recurso deve ser debitada.

➢ A conta Adiantamento de Clientes foi creditada em R$ 12.000. Ela representa uma obrigação para a empresa e, por isso, é do passivo exigível. Como é uma conta de passivo ela tem seu saldo aumentado por lançamento a crédito. Mas acho que isto você já entendeu. Ou decorou.

Uma vez registrada a obrigação, a empresa se prepara para cumpri-la. Por enquanto ela não precisa pagar imposto sobre o recebimento do adiantamento, pois não houve ainda o fato gerador da receita.

Este fato gerador se materializará quando a empresa prestar o serviço. Neste momento sim, deixará de haver a obrigação e surgirá a receita de prestação do serviço. Isto representa uma obrigação se transformando em receita através da efetiva prestação do serviço. Como registramos a seguir.

10a operação – Passivos que se transformam em receitas.

Adiantamentos feitos por clientes, como vimos, representam obrigações que a empresa assumiu quando tais clientes anteciparam os pagamentos de serviços ou de mercadorias que serão prestados ou entregues futuramente.

Estes recebimentos antecipados não representam receitas porque não houve o fato gerador delas, dentro do regime de competência, que é a prestação efetiva do serviço ou a entrega da mercadoria. Em nosso exemplo, estas obrigações serão transformadas em receitas quando o serviço for prestado.

Admita-se que o serviço de entrega de encomendas anteriormente contratado por R$ 12.000, foi prestado e, para executá-lo, a empresa incorreu em despesas no valor total de R$ 7.000. Desta forma, o resultado será um lucro de R$ 5.000. Para fins didáticos vamos dividir a operação em dois registros: uma para a receita e outro para a despesa ou custo.

A seguir faço o registro da prestação do serviço. A conta Caixa não é mais movimentada. O que se faz agora é a transferência do valor registrado em Adiantamento de Clientes para uma conta de Receita de Prestação de Serviços, provocando redução do passivo exigível e aumento do patrimônio líquido. Eis o lançamento em razonetes.

Transferência da obrigação para uma conta de receita

Adiantamento de Clientes		Receitas Prestação de Serviços	
Débito	Crédito	Débito	Crédito
12.000	12.000		10.000
			12.000

Como o serviço foi prestado, não existe mais a obrigação. Quando surge a obrigação é feito um crédito numa conta de passivo. Entretanto, quando esta obrigação é cumprida, um débito na mesma conta é efetuado, a fim de reduzir o passivo exigível.

➢ Fiz um débito em Adiantamento de Clientes, no valor de R$ 12.000. O saldo desta conta ficará zerado. Assim, ela será eliminada e não precisará ser mencionada nos relatórios contábeis. Esta obrigação deixa de existir para a empresa.

➢ Fiz um crédito em Receita de Prestação de Serviços, no valor de R$ 12.000, também. A obrigação se transformou em receita através da prestação do serviço anteriormente contratado.

➢ O que houve foi uma mera transferência de valores entre uma conta de obrigação e uma de receita.

A prestação efetiva do serviço acarretou custos para a empresa, que agora precisam ser registrados.

Os custos da prestação do serviço

Veja a seguir como ficam os razonetes relativos ao registro dos custos da prestação do serviço no valor de R$ 7.000.

Caixa		Custos Prestação de Serviços	
Débito	Crédito	Débito	Crédito
10.000	2.500	6.000	
8.000	6.000	7.000	
10.000	7.000		

12.000 |

> Fiz um débito em Custo de Prestação de Serviços no valor de R$ 7.000. E por que um débito? Porque as contas de custos têm natureza devedora. Elas reduzem o lucro e, portanto, reduzem o patrimônio líquido.

> Um crédito foi feito na conta Caixa para informar a saída do recurso que pagou os custos do serviço. Contas do ativo têm natureza devedora, ou seja, aumentam seus saldos a débito. Em compensação, reduzem seu saldo com lançamentos a crédito. Como fiz aqui.

Existe uma diferença conceitual entre custos e despesas. Custos se vinculam diretamente à operação realizada. E despesas têm uma ligação indireta com a operação. Entretanto, ambas têm natureza devedora e são confrontadas com as receitas no propósito de se apurar o resultado do exercício social no final do período.

11a operação – Despesas à vista e despesas a prazo.

No último dia do mês a empresa Entregas Rápidas Ltda pagou, em cheque, R$ 1.000 referentes ao aluguel daquele mesmo mês do imóvel onde funciona. Nesse mesmo dia recebeu a conta do telefone totalizando R$ 300, para ser paga até o dia 10 do mês seguinte.

Vamos registrar essas operações em duas etapas. Na primeira etapa registraremos a despesa de aluguel que está sendo paga com cheque. Assim, usaremos duas contas: Despesas com Aluguéis e Bancos.

Na segunda etapa também usaremos duas contas: Despesas com Telefone e Contas a pagar.

No nosso exemplo, a empresa deve pagar o aluguel no final do mês de utilização do imóvel. Isto significa que, no último dia do mês já terá ocorrido o fato gerador da despesa de aluguel, dentro do Regime de Competência: a utilização efetiva do imóvel alugado. A empresa utilizará recursos da conta Bancos, pois o pagamento foi feito através da emissão de um cheque de R$ 1.000.

Como sabemos, as despesas reduzem o patrimônio líquido e, por isso mesmo, têm natureza devedora. Isto significa que recebem lançamentos quase sempre a débito e que seus saldos são sempre devedores. Observe os lançamentos nestas duas contas de despesa e veja que são feitos a débito e que seus saldos, se apurados, estarão do lado do débito.

Registro do pagamento à vista da Despesa com Aluguel

Despesas com Aluguéis		Bancos	
Débito	Crédito	Débito	Crédito
1.000		100.000	48.000
			10.000
			1.000

➢ Fiz um débito em Despesas com Aluguéis no valor de R$ 1.000.

➢ E fiz um crédito em Bancos no mesmo valor, porque o pagamento foi feito mediante cheque. O crédito é feito porque Bancos é conta de ativo que está diminuindo seu saldo.

Registro da obrigação com Despesas com Telefone

Despesas com Telefone		Contas a Pagar	
Débito	Crédito	Débito	Crédito
300		2.500	5.000
			300

➢ Debitei a conta Despesas com Telefone em R$ 300, pois esta é a natureza das contas de despesa: serem registradas a débito.

➢ Fim um crédito em Contas a Pagar, a fim de registrar a obrigação da empresa, que optou por pagar a conta de telefone no vencimento que ocorre no início do próximo mês.

A empresa reconhece a existência da despesa, pois houve o fato gerador (uso do serviço de telefonia), mas somente realizará o pagamento no mês seguinte, aproveitando o prazo dado pela companhia telefônica. Como você viu, usamos duas contas: <u>Despesa de Telefone</u>, para registrá-la; e <u>Contas a Pagar</u> (de Passivo Exigível), a fim de registrar a obrigação a ser honrada no próximo mês.

De acordo com o Regime de Competência, a despesa deve ser registrada quando se verificar o seu fato gerador, independentemente de quando é efetuado o pagamento: no ato (despesa à vista) ou posteriormente (despesa a prazo).

12a Operação – Aquisição de material de expediente

A empresa Entregas Rápidas Ltda adquire diversos materiais para consumo no dia a dia: papel, caneta, lápis, clipe. Pagou, em dinheiro, R$ 400 por esse material.

Houve despesa nessa compra?

Vamos relembrar o que já comentamos. A <u>aquisição</u> de material de expediente (ou de qualquer bem) não é fato gerador de despesa. O que houve foi um gasto com imediato desembolso: gasto à vista. A contrapartida à saída de dinheiro do Caixa é a entrada, no ativo da empresa, de bens na forma de materiais de expediente. Este é o típico <u>gasto ativado</u>.

Utilizaremos a conta Estoque de Material de Expediente e a conta Caixa. Observe como fica o lançamento em razonetes.

Aquisição à vista de material de expediente

Caixa		Estoque Material de Expediente	
Débito	Crédito	Débito	Crédito
10.000	2.500	*400*	
8.000	6.000		
10.000	7.000		
12.000	*400*		

> ➢ Fiz um débito em Estoque de Material de Expediente a fim de informar que houve entrada de bens no ativo. Valor débito: R$ 400,00.

> ➢ E um crédito foi feito na conta Caixa para informar a saída do recurso que pagou a aquisição dos materiais de expediente.

Existe uma diferença conceitual entre custos e despesas. Custos se vinculam diretamente à operação realizada. E despesas têm uma ligação indireta com a operação. Entretanto, ambas têm natureza devedora e são confrontadas com as receitas no propósito de se apurar o resultado do exercício social no final do período.

A escrituração resumida no livro diário fica assim:

Estoque Material de Expediente	400	
a Caixa		400

13ª Operação – Ativos que se tornarão despesas

O mês terminou. A área de contabilidade entra em ação para apurar o resultado do período e preparar os relatórios contábeis para apresentar aos gestores, proprietários e outros interessados. Algumas informações são coletadas, cálculos são feitos e lançamentos são registrados.

Entre estas tarefas encontra-se a determinação do estoque final de mercadorias e materiais de consumo. As empresas industriais ainda se preocupam com os estoques de matérias primas e de produtos ainda em fabricação, que não ficaram prontos até o momento de fechar o exercício social. No caso da empresa que estamos estudando, a preocupação está com os materiais de expediente.

No final do mês, a empresa fez uma verificação do saldo existente no estoque de material de expediente, a fim de determinar a necessidade de se adquirir novas quantidades, e constatou que o saldo em estoque era de R$ 180, significando que houve um consumo de material de expediente equivalente a R$ 220. Sim, isso mesmo. Pois fora feita uma aquisição no valor de R$ 400.

Esse fato significa que houve, agora sim, despesa com Material de Expediente, pois o fato gerador ocorreu: o efetivo consumo de bens. A aquisição do material de expediente não representou uma despesa, foi apenas uma ativação de um gasto; mas o consumo desse material foi o que caracterizou o fato gerador da despesa com material de expediente. Veja abaixo como fica o registro desta despesa.

Registro do consumo de material de expediente

Despesa Material de Expediente		Estoque Material de Expediente	
Débito	Crédito	Débito	Crédito
220		400	*220*

➢ Fiz um débito em Despesa de Material de Expediente a fim de informar o consumo desse material. Toda despesa é registrada a débito, afinal ela reduz o lucro do período e isto faz diminuir o patrimônio líquido.

➢ E fiz um crédito foi feito na conta Estoque de Material de Expediente, para informar a redução desse estoque no valor dos materiais utilizados no dia a dia da empresa.

A escrituração resumida no livro diário fica assim:

Despesa de Material de Expediente	220
a Estoque de Material de Expediente	220

14ª Operação – Despesas de Salários

Como parte dos ajustes contábeis de final de período, a empresa elaborou a folha de salários para o mês, totalizando R$ 3.000. Preparar o lançamento, considerando que a empresa efetuará o crédito dos salários dos empregados em suas contas correntes no início do mês seguinte.

Registro das despesas de salários

Despesas de Salários

Débito	Crédito
3.000	

Salários a Pagar

Débito	Crédito
	3.000

➢ Fiz um débito em Despesas de Salários pois ocorreu o fato gerador desta despesa, que é o uso da mão de obra dos empregados durante o período. Como já sabemos, toda despesa é registrada a débito, afinal ela reduz o lucro do período e isto faz diminuir o patrimônio líquido.

➢ Fiz um crédito em Salários a Pagar, a fim de lembrar à empresa que ela tem uma obrigação com seus empregados. Tais salários a empresa costuma pagar no início do mês subsequente àquele em que os empregados efetivamente trabalharam.

A escrituração resumida no livro diário fica assim:

Despesas de Salários	3.000
a Salários a Pagar	3.000

15ª Operação – Depreciação de veículos

Já sabemos, mas é sempre bom relembrar, que a depreciação alcança apenas os ativos fixos tangíveis, como os que já mencionamos: edificações, imóveis, veículos e móveis.

A depreciação é a maneira de transformar em despesa os valores que antes foram gastos na aquisição de bens tangíveis para o ativo.

Neste lançamento vamos registrar a depreciação do veículo da empresa. A teoria necessária ao nosso estudo sobre a depreciação já foi apresentada no capítulo anterior.

Depreciação mensal de veículos

No final do mês, a empresa, a fim de preparar os ajustes em seus dados contábeis, calculou o valor da depreciação mensal de veículos em R$ 400. Fazer o lançamento desta despesa em razonetes e no livro diário.

Usaremos duas contas para registrar a depreciação: Despesas de Depreciação e Depreciação Acumulada de Veículos. Veja:

Registro da depreciação de veículos

Despesas de Depreciação		Depreciação Acum. Veículos	
Débito	Crédito	Débito	Crédito
400			*400*

> Abri a conta Despesas de Depreciação e fiz nela um débito de R$ 400, relativo ao valor calculado da depreciação.

> Abri a conta Depreciação Acumulada de Veículos para ir acumulando nela o valor da depreciação ano após ano. Esta é uma conta de ativo, mas que tem natureza diferente das demais contas de ativo. Isto porque ela é uma conta que tem a finalidade de reduzir o valor de um bem.

> Portanto, a conta Depreciação Acumulada de Veículos tem a finalidade de ir registrando a perda de valor do veículo devido ao uso e ao passar do tempo. Como ela é de ativo, mas é usada para reduzir o valor do ativo, ela deve ser creditada.

> No balanço patrimonial, a conta Depreciação Acumulada aparecerá com valor negativo embaixo dos bens a que se refere. Estes bens estarão com seus valores históricos.

> O valor da depreciação mensal, que aqui nos interessa, equivale à depreciação anual dividida por 12, a fim de encontrarmos o valor a ser contabilizado relativo ao mês que estamos trabalhando.

> Como a vida útil do veículo é determinada pela legislação como sendo de cinco anos, a depreciação anual equivale a 20% do valor do veículo. Assim, 20% de R$ 24.000 é igual a R$ 4.800. Para achar a depreciação mensal, dividimos este valor por 12 e encontramos R$ 400.

A escrituração resumida no livro diário fica assim:

Despesas de Depreciação	400	
A Depreciação Acumulada de Veículos		400

16ª Operação – Depreciação de móveis e utensílios

Neste lançamento vamos registrar a depreciação dos móveis e utensílios que estão registrados no ativo da empresa.

Quando eles foram adquiridos ingressaram no ativo da empresa. Agora, com o uso e o passar do tempo, eles têm seus valores transformados lentamente em despesa. E este processo recebe o nome de *depreciação*.

Depreciação mensal de móveis e utensílios

No final do mês, a empresa, a fim de preparar os ajustes em seus dados contábeis, calculou o valor da depreciação mensal de móveis e utensílios em R$ 42. Fazer o lançamento desta despesa em razonetes e no livro diário.

Usaremos duas contas para registrar a depreciação: Despesas de Depreciação e Depreciação Acumulada de Móveis e Utensílios. Veja:

Registro da depreciação de veículos

Despesas de Depreciação		Depreciação Acum. M&U	
Débito	Crédito	Débito	Crédito
400			42
42			

> Usei a conta Despesas de Depreciação, que já estava criada, e fiz nela um débito de R$ 42, relativo ao valor calculado da depreciação mensal de móveis e utensílios.

> Abri a conta Depreciação Acumulada de Móveis e Utensílios para ir acumulando nela o valor da depreciação mês após mês, ano após ano. Esta é uma conta de ativo, mas que tem natureza diferente das demais contas de ativo. Isto porque ela é uma conta que tem a finalidade de reduzir o valor de um bem.

> Portanto, a conta Depreciação Acumulada de Móveis e Utensílios tem a finalidade de ir registrando a perda de valor dos móveis e utensílios devido ao uso e ao passar do tempo. Como ela é de ativo, mas é usada para reduzir o valor do ativo, ela deve ser creditada.

> No balanço patrimonial, a conta Depreciação Acumulada aparecerá com valor negativo imediatamente abaixo dos bens a que ela se refere. Estes bens estarão com seus valores históricos. A depreciação acumulada mostra que estes bens já têm tempo de uso.

> Subtraindo do valor histórico dos bens o valor da depreciação acumulada deles, encontra-se o seu *valor contábil*.

> O valor da depreciação mensal, que aqui nos interessa, equivale à depreciação anual dividida por 12, a fim de encontrarmos o valor a ser contabilizado relativo ao mês que estamos trabalhando.

> Como a vida útil de móveis e utensílios é determinada pela legislação como sendo de dez anos, a depreciação anual equivale a 10% do valor do veículo. Assim, 10% de R$ 5.000 é igual a R$ 500. Para achar a depreciação mensal, dividimos este valor por 12 e encontramos 41,667, que arredondamos para R$ 42.

A escrituração resumida no livro diário fica assim:

Despesas de Depreciação	42
a Depreciação Acumulada de Móveis e Utensílios	42

Terminados os registros das operações realizadas pela companhia, é o momento de apurar o resultado.

Balancete de Verificação

É hora de saber se a empresa teve lucro ou prejuízo e de quanto foi este resultado. Para isto, precisamos apurar o saldo de cada conta de receita e de despesa.

Feito isto, transferimos estes saldos para uma conta de Apuração de Resultado. É através deste confronto entre receitas e despesas nesta conta, que conhecemos o resultado do período, se foi lucro ou prejuízo.

Antes de apurar o resultado, vamos preparar o balancete de verificação. Esse relatório vai nos informar se a escrituração que fizemos até aqui, apresenta algum erro.

Para elaborarmos o balancete de verificação precisamos conhecer os saldos de todas as contas utilizadas no atual exercício social, e eventualmente em exercícios anteriores.

Vamos trazer todas as contas utilizadas e apurar o saldo final de cada uma delas. A partir disto poderemos preparar o balancete de verificação.

Bancos	
D	C
100.000	48.000
	10.000
	1.000
100.000	59.000
41.000	

Capital Social	
D	C
	100.000

Móveis e Utensílios	
D	C
	5.000

Caixa	
D	C
10.000	2.500
8.000	6.000
10.000	7.000
12.000	400
40.000	15.900
24.100	

Estoque Material de Expediente	
D	C
400	220
180	

Veículos	
D	C
48.000	24.000
24.000	

Contas a Receber	
D	C
24.000	8.000
16.000	

Contas a Pagar	
D	C
2.500	5.000
	300
2.500	5.300
	2.800

Estoque Material Expediente	
D	C
400	220
180	

Móveis e Utensílios	
D	C
5.000	

Depreciação Acum. de Veículos	
D	C

Depreciação Acum. de M&U	
D	C

| | 400 |

| | 42 |

Receitas de Serviços Prestados

D	C
	10.000
	12.000
	22.000

Custos de Serviços Prestados

D	C
6.000	
7.000	
13.000	

Despesas de Aluguel

D	C
1.000	

Despesas de Telefone

D	C
300	

Despesas Material Expediente

D	C
220	

Despesas de Salários

D	C
3.000	

Despesas de Depreciação

D	C
442	

Apuração Resultado Exercício

D	C
Despesas	Receitas

Balancete de Verificação e Apuração do Resultado do Exercício

Aí estão todas as contas já com seus saldos determinados. A área de contabilidade já fez os ajustes necessários e agora precisa fazer duas atividades antes de preparar os relatórios contábeis, principalmente o balanço patrimonial e a demonstração do resultado do exercício.

As duas atividades são:

1) <u>Preparar o balancete de verificação</u>. Isto vai permitir saber se os lançamentos contábeis foram feitos corretamente. Se a soma dos valores debitados for igual à soma dos valores creditados, há uma boa indicação de que os lançamentos foram feitos corretamente. Mas não há uma garantia absoluta de que erros não foram cometidos.

2) <u>Apurar o resultado do exercício</u>. Esta tarefa é sempre realizada quando se torna necessário elaborar os relatórios contábeis. Um destes momentos é ao término do exercício social. A apuração é feita pela transferência dos saldos de todas as contas de receitas e despesas para a conta de apuração do resultado. Se o saldo desta conta for credor, o resultado do exercício apurou lucro, pois as receitas foram maiores que as despesas. Sendo devedor o saldo da conta de apuração de resultado, houve prejuízo no exercício, pois as despesas superaram as receitas.

Vamos antes descobrir se há uma boa chance de os lançamentos terem sido efetuados corretamente. Para isto, vamos preparar o balancete de verificação.

BALANCETE DE VERIFICAÇÃO		
CONTAS	Débito	Crédito
Caixa	24.100	
Bancos	41.000	
Contas a Receber	16.000	
Estoques de Material de Expediente	180	
Móveis e Utensílios	5.000	
Depreciação Acumulada - Móveis e Utensílios		42
Veículos	24.000	
Depreciação Acumulada – Veículos		400
Contas a Pagar		2.800
Salários a Pagar		3.000
Capital Social		100.000
Receitas de Serviços Prestados		22.000
Custos de Serviços Prestados	13.000	
Despesas de Aluguel	1.000	
Despesas de Telefone	300	
Despesas de Material de Expediente	220	
Despesas de Salários	3.000	
Despesas de Depreciação	442	
TOTAIS	128.242	128.242

O balancete de verificação mostra que a soma dos débitos é igual à soma dos créditos. Isto nos garante, em termos, a correção dos lançamentos contábeis. Isto já nos permite fazer a apuração do resultado. Veja a seguir.

Para fazer a apuração do resultado, transferimos os saldos de todas as contas de resultado para uma única conta: a conta de Apuração do Resultado do Exercício.

Essa transferência é feita:

- Creditando-se as contas de despesa pelo valor de seus saldos e debitando-se a conta de apuração do resultado.

- Debitando-se as contas de receita pelo valor de seus saldos e creditando-se a conta de apuração do resultado.

Feito isto, as constas de resultado estarão com seus saldos zerados, pois foram transferidos para a conta de apuração. A esta altura, basta determinar o saldo da conta de apuração para saber se houve lucro ou prejuízo. Saldo credor indica lucro e saldo devedor, prejuízo. A seguir faremos as transferências de saldos das contas de receitas e despesas e a apuração do resultado.

Receitas de Serviços Prestados

D	C
	10.000
	12.000
(a) 22.000	22.000

Custos de Serviços Prestados

D	C
6.000	
7.000	
13.000	13.000 (b)

Despesas de Aluguel

D	C
1.000	1.000 (c)

Despesas de Telefone

D	C
300	300 (d)

Despesas Material Expediente

D	C
220	220 (e)

Despesas de Salários

D	C
3.000	3.000 (f)

Despesas de Depreciação		Apuração Resultado Exercício	
D	C	D	C
442	442 (g)	(b) 13.000	22.000 (a)
		(c) 1.000	
		(d) 300	
		(e) 220	
		(f) 3.000	
		(g) 442	
		17.962	22.000
			4.038

<u>Observações</u>:

➢ A transferência do saldo da conta de Receitas de Serviços Prestados foi feita ao ser debitada e recebeu a letra (a) para a transferência. O crédito correspondente foi feito na conta Apuração do Resultado do Exercício, que recebeu também a letra (a).

➢ A transferência dos saldos das contas de despesa foi feita ao serem creditadas e recebendo as letras de (b) a (g). Os débitos correspondentes foram feitos na conta de Apuração do Resultado do Exercício, com as mesmas letras.

➢ Em seguida trabalhou-se na conta de apuração. As receitas somaram R$ 22.000 na coluna dos créditos e as despesas somaram R$ 17.962, na coluna dos débitos. Feita a subtração, encontrou-se o valor de R$ 4.038. Isto é lucro ou prejuízo?

➢ Como o total das receitas é maior que o total das despesas o saldo deve ser colocado na coluna das receitas. Isto indica lucro que as operações geraram lucro no exercício.

➢ Uma vez apurado o saldo de uma conta através da subtração, a diferença deve ser colocada embaixo da coluna que tem a maior soma.

Agora se pode transferir o saldo da conta de Apuração do Resultado do Exercício para a conta Lucros Acumulados. Após esta operação, o balanço patrimonial pode ser preparado, uma vez que a conta Lucros Acumulados recebe o resultado do exercício. E o resultado do exercício é determinado pelo confronto das receitas e das despesas na conta de apuração do resultado.

Vamos então fazer a transferência do saldo da conta de Apuração do Resultado para a conta Lucros Acumulados. Veja a seguir.

Apuração Resultado Exercício				Lucros Acumulados	
D	C			D	C
(h) 4.038	4.038				4.038 (h)

> Para a transferência do saldo credor de R$ 4.038 da conta Apuração do resultado, debitei no valor do saldo a própria conta. Isto deixa o saldo dela zerado.

> A conta Lucros Acumulados é creditada no mesmo valor para receber o resultado do exercício. Assim, esta conta acusa agora saldo credor de R$ 4.038.

> Usei a letra (h) para indicar a transferência do saldo.

> A conta Lucros Acumulados será apresentada no balanço patrimonial e as contas de receitas e despesas serão mostradas na demonstração do resultado do exercício.

Demonstração do Resultado do Exercício (DRE)

Neste ponto a contabilidade já dispõe das informações necessárias para elaborar a demonstração do resultado do exercício e o balanço patrimonial.

DEMONSTRAÇÃO DO RESULTADO DO EXERCÍCIO

CONTAS	R$
Receitas de Serviços Prestados	22.000
(-) Custos de Serviços Prestados	(13.000)
(=) Lucro Operacional Bruto	9.000
(-) Despesas de Aluguéis	(1.000)
(-) Despesas de Telefone	(300)
(-) Despesas de Material de Expediente	(220)
(-) Despesas de Salários	(3.000)
(-) Despesas de Depreciação	(442)
(=) Lucro Operacional Líquido	4.038

Esta DRE está apresentada de forma simplificada, mas completa. Existem maneiras de se apresentar a DRE de forma a introduzir mais informações. Uma informação importante é a separação entre custos e despesas.

Os custos são aqueles gastos associados diretamente à produção (na indústria), ao valor das mercadorias vendidas (no comércio) ou aos gastos incorridos diretamente na prestação dos serviços. Subtraindo-se o total dos custos do valor das vendas, chega-se ao resultado bruto, que na DRE acima foi lucro e chamamos de lucro bruto.

O termo bruto significa que faltam ser deduzidas diversas despesas, como as administrativas, as de vendas e as financeiras. E falta levar em conta os impostos e outras receitas que ocorrem durante o exercício. Todas estas informações são apresentadas numa DRE integral. Para conhecê-las, eu sugiro que entre no site da Bolsa de Valores de São Paulo e pesquise as demonstrações financeiras de qualquer empresa que tenha ações listadas em bolsa.

Na DRE acima, todas as despesas são do tipo administrativas. E elas são despesas de apoio à operação da empresa. Não estão ligadas diretamente à prestação do serviço.

Balanço Patrimonial (BP)

A contabilidade prepara o balanço patrimonial logo após preparar a DRE. Isto porque a conta Lucros Acumulados recebe o valor do resultado do exercício constante da última linha da DRE. Entretanto, com os sistemas informatizados, estes dois relatórios podem ser emitidos simultaneamente, a partir do livro razão e de algoritmos que fazem os cálculos de tributos e de distribuição de resultados e lucros acumulados.

BALANÇO PATRIMONIAL			
ATIVO	R$	PASSIVO	R$
Caixa	24.100	Contas a Pagar	2.800
Bancos	41.000	Salários a Pagar	3.000
Contas a Receber	16.000		
Estoq Mat. Expediente	180	PATR. LÍQUIDO	

Móv. e Utensílios	5.000	Capital Social	100.000
(-) Depreciação M&U	(42)	Lucros Acumulados	4.038
Veículos	24.000		
(-) Depreciação Veículos	(400)		
TOTAL	109.838	TOTAL	109.838

O balanço patrimonial está apresentado de forma simplificada. Contém todas as informações, mas falta dividir o ativo e o passivo nos seus respectivos grupos: circulante e não circulante. Isto fica pra depois.

Conclusão

Posteriormente comentaremos sobre estes grupos. O importante neste momento é apenas entender a dinâmica contábil, que inclui:

1. Escrituração das operações
2. Preparação do balancete de verificação
3. Apuração do resultado do exercício
4. Elaboração da DRE
5. Elaboração do BP

Todas estas atividades foram cobertas neste capítulo. Aqui desenvolvemos o entendimento das alterações patrimoniais ao fazermos uma série de lançamentos contábeis relativos a uma empresa de prestação de serviços.

Inicialmente usamos a técnica dos balanços sucessivos, onde registramos as operações diretamente no balanço patrimonial. Inclusive as operações envolvendo receitas e despesas; estas foram registradas no grupo do patrimônio líquido.

Posteriormente fizemos os registros das mesmas operações, mas desta vez usando o mecanismo do débito e do crédito. As contas patrimoniais e de resultado foram contabilizadas adequadamente segundo o método das partidas dobradas.

Depois de registradas as operações, foi feito um balancete de verificação a fim de constatar se a soma dos valores debitados correspondia à soma dos valores creditados. Em seguida foi feita a apuração do resultado e a transferência dele para a conta Lucros Acumulados, do patrimônio líquido.

Finalmente elaboramos a demonstração do resultado do exercício e o balanço patrimonial.

Assim, fechamos o ciclo básico de conhecimento da contabilidade. A maior dificuldade inicial dos estudantes desta ciência é compreender a dinâmica contábil e o mecanismo do débito e do crédito.

Este texto foi desenvolvido a partir de experiências em sala de aula onde estas dificuldades foram percebidas em observações diretas. Eu era o professor. Diante do que vi, escrevi este texto inicialmente em 1996 para alunos cursinhos preparatórios para concursos públicos. E depois para alunos de cursos de pós-graduação em diversas instituições de ensino superior.

Se você precisa conhecer a contabilidade mais profundamente, este texto representa apenas a porta de entrada. Ele vai descomplicar o entendimento inicial e fundamental da contabilidade e que permitirá prosseguir nos estudos depois de formar uma base sólida.

Nosso próximo texto irá abordar aspectos que fazem avançar o conhecimento desta ciência. A intenção será preparar o estudante para provas em graduação, pós-graduação e concursos públicos. Veja a seguir alguns dos tópicos a serem abordados no próximo texto, com a finalidade de completar o curso básico de contabilidade.

- Correção de erros de lançamento
- O ciclo contábil
- Sistemas contábeis
- Controle de caixa
- Reconciliação bancária

Outros textos caminharão pela parte intermediária da contabilidade e outros pela parte avançada. Mas, um passo de cada vez.

Bons estudos!

Exercícios do Capítulo 4

1. O que significa para você cada um dos termos abaixo?
   Faça uma pesquisa, se necessário.

   a. Conta

   b. Plano de contas

   c. Livro diário

   d. Livro razão

   e. Método das partidas dobradas

   f. Razonete ou conta T

   g. Débitos da conta

   h. Créditos da conta

   i. Total dos débitos da conta

   j. Total dos créditos da conta

   k. Saldo da conta

   l. Lançar no livro diário e Lançamento no livro diário

   m. Transcrição para o livro-razão

   n. Balancete de verificação

   o. Demonstração do resultado do exercício

   p. Balanço patrimonial

   q. Origens de recursos

   r. Aplicação de recursos

   s. Ativo, Passivo e Patrimônio líquido

   t. Clientes, Fornecedores e Dívidas de longo prazo

   u. Receita antecipada

   v. Receita de venda

   w. Antecipação de clientes

2. Um crédito em uma conta pode significar

   a. Aumento de ativo

b. Diminuição de passivo

c. Aumento de despesa

d. Redução de ativo

3. O tipo de conta com saldo normal devedor é:

a. Um item do passivo

b. Uma despesa

c. Uma depreciação acumulada

d. Uma receita antecipada

4. Em qual destas contas um saldo credor pode indicar um erro?

a. Fornecedores

b. Antecipação de clientes

c. Receitas de prestação de serviços

d. Clientes

5. O pagamento a fornecedores usando dinheiro do caixa poderia ser registrado assim:

a. Débito no Caixa e crédito em Clientes

b. Débito em Fornecedores e crédito em Clientes

c. Débito em Clientes e crédito em Caixa

d. Débito em Fornecedores e crédito em Caixa

6. Qual relatório apresenta as receitas e as despesas relativas a um dado período, segundo o conceito de confrontação da receita e despesa?

a. Balanço patrimonial

b. Demonstração do resultado do exercício

c. Demonstração das mutações no patrimônio líquido

d. Demonstração dos fluxos de caixa

7. Descreva e explique a equação fundamental da contabilidade.

8. Qual a diferença entre uma conta e um razonete?

9. Débito e crédito podem significar aumentos ou diminuições. Dê um exemplo em que:

    a. Um débito causa aumento de saldo na conta

    b. Um débito causa diminuição de saldo na conta

    c. Um crédito causa diminuição de saldo na conta

    d. Um crédito causa aumento de saldo na conta

10. Um débito em uma conta de despesa, tem que efeito (aumento ou diminuição?):

    a. Na despesa em si

    b. No patrimônio líquido

11. Um crédito em uma conta de receita, tem que efeito (aumento ou diminuição?):

    a. Na receita em si

    b. No patrimônio líquido

12. Explique uma possível situação em que a conta Caixa apresenta saldo credor, sabendo que todas as entradas e saídas de caixa foram corretamente registradas no livro diário e transcritas para o livro-razão
    (Em uma venda a prazo, credita-se Caixa em vez de se creditar a Receita de Vendas)

13. A Companhia Isa Arte & Decoração prestou serviços de embelezamento de interiores em abril por $ 12.000 para recebimento no mês seguinte. O cliente fez o pagamento integral em maio.

    a. A receita se considera realizada em abril ou maio? Por quê?

    b. Qual o lançamento a ser feito em abril?

    c. Qual o lançamento a ser feito em maio?

14. O balancete de verificação fornece que tipo de informação? Essa informação significa segurança absoluta?

15. A empresa Caetano Games tem $ 4.000 depositados em conta bancária.

   a. Do ponto de vista da Caetano games este saldo na conta representa um ativo, passivo, patrimônio líquido, receita ou despesa?

   b. Do ponto de vista do Banco este saldo na conta da Caetano Games representa um ativo, passivo, patrimônio líquido, receita ou despesa?

16. Prepare um lançamento no livro diário relativo à compra de móveis para seu escritório, por $ 20.000, sento um quarto à vista e o restante a prazo, em 16 de agosto de 2020.

17. Prepare dois lançamentos no livro diário:

   a. Em 4 de janeiro: prestação de serviços a prazo por $ 2.000

   b. 28 de fevereiro: recebimento em caixa pelo serviço mencionado na operação acima

18. Para as contas a seguir, indique (i) a natureza de seu saldo (devedor ou credor) e (ii) se no dia a dia admite lançamentos apenas a débito, apenas a crédito ou ambos:

   a. Promissórias a Receber

   b. Duplicatas a Pagar

   c. Custos do Serviço Prestado

   d. Receitas Antecipadas

   e. Receitas de Serviços Prestados

   f. Lucros Acumulados

   g. Assinaturas Pagas Antecipadamente

   h. Aluguéis Recebidos Antecipadamente

19. Em 1º de março o saldo de caixa era $ 1.000. Durante este mês houve recebimentos de $ 4.000 e o saldo final foi de $ 500. Quanto totalizou os pagamentos do mês de março?

20. Em 1º de abril a conta Estoque de Mercadorias indicava saldo inicial de $ 2.000. Durante o mês a empresa comprou $ 23.000 de mercadorias para estoque. No final do dia 30 de abril, restava $ 800 de mercadorias para revenda. Qual foi o custo das mercadorias vendidas em abril?

21. Escrituração - Em relação às contas a seguir, indique se ela, normalmente, poderá ter lançamentos (i) somente a débito, (ii) somente a crédito e (iii) lançamentos tanto a débito quanto a crédito:

   a. Clientes

   b. Fornecedores

   c. Bancos

   d. Capital Social

   e. Despesas com Material de Consumo

   f. Receitas de Serviços

   g. Veículos

   h. Depreciação Acumulada

   i. Contas a Receber

   j. Contas a Pagar

   k. Receitas Antecipadas

   l. Antecipação a Fornecedores

   m. Despesas Antecipadas

   n. Aluguéis Passivos

   o. Juros Ativos

22. Escrituração - Para as afirmações a seguir, determine se ela é falsa ou verdadeira. Sendo falsa, aponte o erro:

   a. Um débito em conta de ativo aumenta seu saldo

   b. Um débito em conta de passivo diminui seu saldo

   c. Um crédito em conta de receita aumenta o patrimônio líquido

d. Um débito em conta de patrimônio líquido aumenta seu saldo

23. Escrituração - Para os grupos de contas a seguir, indique
(i) se ele normalmente tem seu saldo aumentado a débito ou a crédito
(ii) se a natureza do saldo é devedora ou credora

   a. Ativo

   b. Passivo

   c. Patrimônio Líquido

   d. Receitas

   e. Despesas

24. Situação líquida - O capital social de uma empresa é de $ 10.000 e ao final do exercício registrou prejuízo de $ 12.000.

   a. Como se chama esta situação do patrimônio líquido?

   b. Esta situação desequilibra o patrimônio líquido?

25. Escrituração - As entradas de caixa de uma empresa em novembro somaram $ 327.600 e as saídas $ 245.300.

   a. Isto significa que a empresa ganhou $ 82.300 em novembro? Explique.

   b. Se o saldo final da conta Caixa foi de $ 90.000, qual era o saldo inicial?

26. Escrituração - Em agosto foram pagos aos fornecedores $ 30.000 e foram feitas novas compras a prazo no total de $ 70.000. O saldo em 31 de agosto da conta Fornecedores foi de $ 50.000. Qual era o saldo inicial dessa conta em 1º de agosto?

27. Escrituração - Em 1º de setembro o saldo da conta Clientes era $ 22.700. Durante o mês, $ 70.000 foram recebidos de contas a receber oriundas de vendas a prazo. Supondo que o saldo em 30 de setembro era de $ 25.200 determine o total de vendas a prazo do mês de setembro.

28. Contas que exigem ajuste – Indique quais das contas a seguir normalmente exigem um ajuste de fim de exercício.

   a. Despesas de Salários

   b. Juros Passivos

   c. Depreciação Acumulada

   d. Caixa

   e. Terrenos

   f. Despesas Antecipadas de Seguros

29. Tipos de ajuste – Classifique os itens a seguir como (1) despesa paga antecipadamente, (2) receita antecipada, (3) despesa provisionada ou (4) receita realizada e não recebida.

   a. Material de consumo ainda em estoque e já quitada

   b. Recebimentos de caixa por serviços ainda não prestados

   c. Salários devidos e ainda não pagos

   d. Entrada de caixa por vendas a serem entregues no mês seguinte

   e. Receitas de juros vencidos e ainda não recebidos

   f. Matéria-prima disponível para produção já liquidada

   g. Juros a pagar vencidos e ainda não pagos

30. Ajustes para o uso de materiais de consumo – A conta de estoque de materiais de consumo, no início do mês de maio, tinha saldo de $ 2.540. Ao longo deste mesmo mês ela recebeu débitos no valor total de $ 3.470. No final do mês a conta tinha saldo de $ 2.735. Prepare o lançamento de ajuste.

31. Ajuste para receitas antecipadas de serviços - A conta
que registra as receitas antecipadas de vendas, antes do
ajuste de fim de exercício, apresentava saldo de $
27.380. Após o ajuste a conta ficou com saldo de $
4.530. Prepare o lançamento de ajuste.

32. Ajuste para aluguéis antecipados – A Terras e Terrenos
recebeu em outubro de 2019 o valor de $ 18.000 reais
de adiantamento pelo aluguel de um terreno durante 12
meses. Prepare o lançamento de ajuste a ser feito em 31
de dezembro de 2019, relativo aos aluguéis recebidos
antecipadamente.

33. Ajuste para honorários acumulados - Ao término do
exercício atual, $ 8.390 foram ganhos a título de
honorários que deixaram de ser faturados aos clientes.

34. Ajuste de despesas com salários - A WT Águas paga
semanalmente às sextas-feiras, $ 12.000 de salários aos
seus empregados, correspondente à semana de cinco
dias de trabalho. O mês de abril de 2020 terminou numa
quinta-feira. Prepare o lançamento de ajuste necessário
no final do período, ou seja, 30 de abril.

35. Ajustes com despesas com salários – A WT Mananciais
paga semanalmente às segundas-feiras, $ 18.000 de
salários aos seus empregados, correspondente à semana
de seis dias de trabalho que termina no sábado anterior.
O mês de abril de 2020 terminou numa quinta-feira.
Prepare o lançamento de ajuste necessário no final do
período, ou seja, 30 de abril.

36. Ajustes para despesas de depreciação – O valor da
depreciação de móveis e utensílios do atual exercício é
de $ 3.940. Prepare o lançamento de ajuste de final de
período.

37. Efeito da omissão de ajuste – Qual é o efeito sobre (a) receitas, (b) despesas e (c) lucro líquido, da omissão dos seguintes ajustes: (1) depreciação no valor de $ 3.000; (2) receitas de serviços prestados e não faturados (honorários) em $ 9.000; salários a pagar de $ 5.000; (4) materiais de consumo utilizados em $ 2.000; aluguéis recebidos antecipadamente no valor de 7.000 e já passíveis de apropriação.

38. **Escrituração** - Registre as operações a seguir apresente os lançamentos feitos no livro diário e o balancete de verificação.

   a. Abertura de empresa com capital social integralizado em $ 40.000 em dinheiro.

   b. Aquisição de material de consumo para estoque à vista no valor de $ 2.000.

   c. Aquisição de equipamentos de por $ 10.000, sendo $ 3.000 à vista e o restante a prazo.

   d. Pagou despesas de publicidade no valor de $ 1.000 à vista.

   e. Prestou serviços a prazo no valor de $ 24.000

   f. Pagou metade de sua dívida com os fornecedores dos equipamentos.

   g. Recebeu um terço das receitas a prazo.

   h. O sócio faz uma retirada de metade do lucro do período.

39. **Escrituração** - Em relação às operações do exercício acima, prepare a demonstração do resultado do exercício.

40. **Escrituração** - Em relação às operações do exercício acima, prepare o balanço patrimonial.

RESPOSTAS DO EXERCÍCIOS

Exercícios do Capítulo 1

1) Defina Contabilidade.
   Sistema de informações que controla o patrimônio a fim de fornecer a seus usuários demonstrações e análises úteis à tomada de decisões.

2) Qual o objeto da Contabilidade?
   O patrimônio das entidades.

3) Qual a finalidade da Contabilidade?
   Fornecer informações úteis aos processos decisórios de seus usuários

4) Quais as técnicas utilizadas pela Contabilidade para cumprir suas finalidades?
   Escrituração, Demonstração, Auditoria, Análise de Demonstrações.

5) O que é Escrituração Contábil?
   É o registro em livros próprios dos fatos contábeis ocorridos com uma empresa em suas relações com o ambiente interno e externo.

6) Quais as demonstrações contábeis previstas na Lei 6.404/76?
   O artigo 176 da Lei 6.404/76 especifica os seguintes relatórios:

   - Balanço Patrimonial (BP)

   - Demonstração dos Lucros ou Prejuízos Acumulados (DLPA)

   - Demonstração do Resultado do Exercício (DRE)

   - Demonstração dos Fluxos de Caixa (DFC)

   - Demonstração do Valor Adicionado (DVA), se empresa de capital aberto

A Demonstração das Mutações no Patrimônio Líquido (DMPL) é um relatório não exigido pela lei, mas pela Comissão de Valores Mobiliários, para as sociedades anônimas de capital aberto. Já norma do Conselho Federal de Contabilidade (CFC) através do CPC 26, exige a DMPL para todas as sociedades de grande porte. A DMPL inclui em seu bojo a DLPA, por isso, a Lei 6.404/76, art. 186, diz que a companhia poderá deixar de publicar a DLPA, se elaborar e publicar a DMPL.

7) O que é e para que servem:

- o Balanço Patrimonial: demonstração financeira que apresenta a posição patrimonial e financeira da empresa, em uma determinada data, evidenciado seus aspectos qualitativos e quantitativos.

- a Demonstração do Resultado do Exercício: demonstração financeira onde se confrontam receitas e despesas a fim de apresentar o resultado das operações na forma de lucro ou prejuízo, se adotado o regime de competência.

- a Demonstração de Lucros e Prejuízos Acumulados: relatório contábil que tem a finalidade de apresentar o lucro líquido do exercício e sua destinação; os ajustes contábeis relacionados a exercícios anteriores; as reversões de reservas de lucros, bem como o saldo da conta Lucros ou Prejuízos Acumulados no início e no final do período.

- a Demonstração dos Fluxos de Caixa: relatório contábil que apresenta as transações ocorridas em determinado período e que provocaram alterações no saldo da conta Caixa.

8) O que é estática patrimonial e qual relatório a expressa? É a situação momentânea, como uma foto. É um instantâneo da situação da empresa, apresentada através do balanço patrimonial.

9) O que é dinâmica patrimonial e qual relatório a expressa? É a evolução do patrimônio, apresentada através das variações que nele ocorrem. Tais variações se expressam na demonstração do resultado do exercício.

10) O que se entende por Auditoria Contábil? É a conferência feita para constatar a exatidão das informações presentes nas demonstrações contábeis, através de exame dos registros e dos documentos que a eles deram origem.

11) O que se entende por Análise de Balanços? É a interpretação que se faz dos relatórios contábeis, a fim de determinar a situação economia e financeira da empresa, pelo emprego de índices e fórmulas. Esta análise busca determinar o nível de saúde financeira da empresa.

12) Quais os principais usuários da Contabilidade? Os tomadores de decisões financeiras: gestores internos, investidores, financiadores. E o governo e sindicatos.

13) Determine o interesse que as pessoas e entidades as seguir têm nas informações geradas pela Contabilidade e compiladas nos Demonstrativos Contábeis.

- Acionistas majoritários: Desejam conhecer o fluxo de dividendos, o valor de mercado da ação e o lucro por ação.

- Acionistas minoritários: Para estes, o importante é conhecer o fluxo regular de dividendos, ou seja, a remuneração que poderá receber proporcionalmente aos lucros gerados pela empresa. Ele aplicou um pouco de suas economias na empresa, com o propósito de usufruir de uma complementação de renda.

- Fornecedores em geral: Precisam saber se a geração futura de fluxo de caixa da empresa será suficiente para lhes pagar pelo fornecimento a prazo de mercadorias e materiais.

- Financiadores: Desejam constatar se a geração de fluxos de caixa futuros será suficiente para a empresa pagar-lhes o capital emprestado, mais os juros.

- Entidades governamentais: Desejam conhecer o lucro tributável e se foram feitos adequadamente os recolhimentos dos tributos. Além disto, para fins estatísticos de desenvolvimento econômico, precisam conhecer informações relativas a valor adicionado e produtividade.

- Empregados em geral: A estes interessa saber se o fluxo de caixa futuro será capaz de assegurar aumentos ou manutenção dos salários.

- Sindicatos de empregados: Se utilizam de informações sobre aumentos de produtividade com o propósito de negociar melhores salários.

- Alta e média administração: Se interessam pelo retorno sobre o ativo, pelo retorno sobre o patrimônio líquido. Também acompanham com muita atenção a situação de liquidez e endividamento da companhia.

14) Qual o campo de aplicação da Contabilidade? A contabilidade encontra aplicação em toda entidade que possui patrimônio quantificável economicamente, seja ela uma pessoa física ou jurídica. Ou seja, a Contabilidade é útil a toda a sociedade, aplicando-se às pessoas jurídicas com ou sem fins lucrativos.

15) O que são aziendas? Esse termo vem do italiano e significa fazenda, no sentido de uma empresa e sua administração. Portanto, azienda absorve o conceito de uma empresa e seu órgão gestor. É o patrimônio considerado em conjunto com sua administração.

16) Quais as funções da Contabilidade? Administrativa e econômica.

17) Conceitue:

- Função administrativa da Contabilidade: Controle do patrimônio.

- Função econômica da Contabilidade: Apuração do resultado.

18) O que são entidades econômico-administrativas? São _empresas_ (objetivam o lucro) ou _instituições_ (objetivam fins sociais) que se cercam de recursos humanos, materiais e financeiros para atingirem seus propósitos.

19) Como se dá o nascimento das Pessoas Jurídicas? As Pessoas Jurídicas têm vida própria separada das pessoas naturais que a constituíram e estão sujeitas a direitos e obrigações a partir de seu nascimento, que se dá com o arquivamento, no órgão do registro do comércio, dos documentos que a constituíram.

20) Conceitue:

- <u>Controle</u>: é um processo pelo qual a alta administração se certifica se a organização está agindo conforme os planos e políticas traçados.

- <u>Planejamento</u>: é o processo de decidir que curso de ação deverá ser tomado para o futuro, diante de vários cursos alternativos.

21) Uma empresa é formada pelos órgãos volitivos, diretivos e executivos. Conceitue cada um deles:

- <u>Órgãos Volitivos</u>: representam a vontade que decide aquilo que deve ser feito e são constituídos pelos proprietários (sócios ou acionistas). São também chamados de órgãos deliberativos ou soberanos, cuja vontade é imperativa no planejamento das atividades da entidade.

- <u>Órgãos Diretivos</u>: representam a inteligência que dirige e orienta a execução das atividades e são constituídos pelos administradores (Conselho de Administração ou diretores). São também chamadas de órgãos dirigentes ou coordenadores.

- <u>Órgãos Executivos</u>: formados pelos funcionários. Que executam as atividades traçadas pelos Órgãos Volitivos e coordenadas pelos Órgãos Diretivos.

Exercícios do Capítulo 2 – Parte 1

1. O que é o Patrimônio do ponto de vista contábil?

Patrimônio é o objeto de estudo e controle da contabilidade. Compõe-se de bens, direitos e obrigações valoráveis economicamente e vinculados a uma pessoa.

2. O que são Bens?

São coisas úteis que atendem a alguma necessidade humana e que podem ser avaliados economicamente. Por estarem na posse da empresa, estão disponíveis para utilização imediata. Podem ser classificados como tangíveis ou intangíveis.

3. Dê três classificação dos Bens.

Tangíveis e intangíveis. Móveis, imóveis e semoventes. Uso e consumo.

4. O que são bens tangíveis? Dê três exemplos.

São os bens materiais, são aqueles que têm existência física concreta e que podem ser tocados. São mantidos pela empresa para uso, consumo, venda, arrendamento ou troca. Exemplos: veículos, máquinas, móveis e caneta.

5. O que são bens intangíveis? Dê três exemplos.

São os bens imateriais. Não têm existência física concreta e, por isso, não podem ser tocados. São bens incorpóreos, pois não tem a forma de corpo. Exemplos: direitos autorais, marcas, patentes de invenção, direitos de exploração e concessões públicas. Estes são direitos que têm por objeto um bem, mas um bem incorpóreo.

6. O que são bens móveis? Dê três exemplos.

São aqueles que podem ser deslocados sem que haja danos aos mesmos. Exemplos: veículos, móveis e utensílios, material de consumo, máquinas e equipamentos, ferramentas.

7. O que são bens imóveis? Dê três exemplos.

São aqueles que, regra geral, não podem ser deslocados sem que corram riscos de danos. Exemplos: construções e determinados tipos de máquinas. Terrenos também são bens imóveis, mas não há como deslocá-los, evidentemente.

8. O que são bens semoventes? Dê três exemplos, com diferentes proprietários.

São aqueles que se deslocam por força própria. Exemplos: os animais; cachorro, gado, elefante. Os animais de um circo.

9. Qual a diferença entre bens de uso e bens de consumo? Dê três exemplos de cada.

Os bens de uso não perdem substância ao serem utilizados nas atividades da empresa: móveis, veículos, equipamentos. Os bens de consumo vão se deteriorando à medida que são utilizados: café, papel, borrachas, lixas.

10. Qual a diferença entre bens de venda e bens de renda? Dê três exemplos de cada.

Bens de venda são as mercadorias e outros produtos disponibilizados para venda. A empresa tem a firme intenção em transferir a propriedade sobre tais bens. Bens de renda são aqueles que a empresa não os utiliza em suas atividades operacionais, mas os disponibiliza para aluguel, como terrenos, máquinas, equipamentos, imóveis.

11. O que são direitos? Dê cinco exemplos.

São valores que a empresa tem a receber. Esses direitos são oriundos, normalmente, de suas vendas a prazo; entretanto podem ter outras origens. São partes da riqueza da empresa que está em poder de terceiros.

Dividem-se em créditos de funcionamento (direitos a receber oriundos das operações da empresa) e créditos de financiamento (direitos a receber oriundos de atividades financeiras da empresa, como empréstimos a terceiros).

12. Qual a diferença entre duplicatas e promissórias? Quando se justifica o uso de cada uma delas?

Duplicatas são títulos emitidos pelo vendedor quando de uma venda a prazo. Devem ser aceitas pelo comprador, que assina a duplicata recebendo a mercadoria e se declarando devedor.

Promissórias são títulos emitidos pelo devedor em favor do credor a fim de garantir o reconhecimento da dívida.

13. O que são dividendos? Quando eles representam um direito? Quando eles representam uma obrigação?

Dividendos são distribuições de parcelas dos lucros auferidos por uma empresa aos seus acionistas. Os acionistas terão direito a receber os dividendos e a empresa terá a obrigação de pagá-los. Tudo conforme estatuto social.

14. Qual a diferença entre Adiantamentos a Fornecedores e Adiantamentos de Clientes?

Adiantamentos a fornecedores representam direitos. Adiantamentos de clientes são obrigações.

15. Bens da empresa em poder de terceiros representam bens ou direitos? Por quê?

São direitos. Isto porque há uma correspondente obrigação da empresa que está na posse deles para com a empresa que os cedeu em empréstimo.

16. Por que Aplicações Financeiras representam direitos?

Porque são valores da empresa em poder de terceiros.

17. Por que as Despesas Antecipadas representam direitos?

Porque são pagamentos adiantados que a empresa faz para usufruir de algum serviço ao longo de certo período.

18. Cite duas situações em que a empresa tem direito a recuperar impostos?

Quando paga algum imposto a maior do que devia. Quando paga imposto indevidamente.

19. O que são Obrigações?

São valores que a empresa tem de pagar a terceiros. Ou são bens de terceiros em poder da empresa e que devem ser devolvidos.

20. As obrigações representam, para o obrigado, uma relação de débito ou de crédito com o favorecido?

Uma relação de dívida, de débito. De dever pagar.

21. Por que as Receitas Antecipadas são obrigações da empresa? Qual outro nome para essas obrigações?

As receitas antecipadas são também chamadas de adiantamentos de clientes. E, por ter recebido o valor antecipadamente, a empresa tem, para com o cliente, a obrigação de entregar um bem ou serviço.

22. Explique o aspecto qualitativo do patrimônio.

Qualitativo se refere a qualidade. Neste caso está relacionado à qualidade do patrimônio: quais bens, direitos e obrigações o compõem. Os nomes deles.

23. Explique o aspecto quantitativo do patrimônio.

Tem a ver com os valores vinculados a cada componente do patrimônio.

24. O que é o Balanço Patrimonial? Quando ele deve ser elaborado?

Balanço patrimonial é a representação gráfica do patrimônio, organizando-o em três grandes grupos: ativo, passivo e patrimônio líquido.

O balanço patrimonial deve ser elaborado ao término do exercício e sempre que a administração desejar.

25. Quantas e quais são as partes em que se divide o Balanço Patrimonial?

Três partes: ativo, passivo exigível e patrimônio líquido.

26. O que representa o Ativo de uma empresa? E o Passivo?

O ativo reúne os bens e direitos da empresa. O passivo agrupa as obrigações com terceiros (passivo exigível) e com os proprietários (passivo não exigível ou patrimônio líquido).

27. O que é Patrimônio Bruto? E Patrimônio Líquido?

Patrimônio bruto é outro nome para o ativo, ou seja, os bens e direitos da empresa. E patrimônio líquido representa a diferença entre o patrimônio bruto e as obrigações com terceiros. É também a riqueza da empresa que pertence aos proprietários.

28. Por que o Ativo representa elementos de conotação positiva e o Passivo elementos de conotação negativa?

Porque o ativo reúne os bens e direitos da empresa enquanto o passivo mostra as obrigações.

29. Qual grupo do Balanço Patrimonial representa as Origens de Recursos? Por quê?

Origens de recursos são valores captados junto aos sócios e a credores diversos. Eles são relacionados no passivo: exigível (terceiros) e não exigível (proprietários).

30. Qual grupo do Balanço Patrimonial representa as Aplicações de Recursos? Por quê?

O ativo representa as aplicações de recursos que foram captados.

31. Por que o total do Ativo deve ser igual ao total do Passivo?

Porque as origens de recursos devem ser todas aplicadas. Não há aplicação de recurso sem origem. E não há recurso captado que não seja aplicado.

32. Se o Ativo totaliza R$ 15.000 e o Passivo Exigível, R$ 8.000, quanto vale o Patrimônio Líquido?

PL = A − PE → PL = 15.000 − 8.000 = 7.000

33. Elabore um Balanço Patrimonial onde o Patrimônio Líquido seja igual a R$ 12.000.

Qualquer um em que Bens + direitos − obrigações = 12.000.

Caixa = 7.000; Contas a Receber = 13.000; Estoque de Mercadorias = 20.000; Contas a Pagar = 18.000.

34. Qual grupo do Balanço Patrimonial representa as obrigações não-exigíveis?

O grupo que apresenta a riqueza dos proprietários: patrimônio líquido.

35. Qual grupo do Balanço Patrimonial representa as origens de recursos de terceiros? E dos proprietários?

Os recursos de terceiros são representados no balanço patrimonial pelo passivo exigível.

Os recursos dos proprietários são representados pelo patrimônio líquido.

36. Em qual grupo do Balanço Patrimonial estão as aplicações de recursos?

No ativo.

37. Quando um patrimônio apresenta situação líquida

a) Nula? Qual o ativo total é igual ao passivo exigível.

b) Superavitária? Quando o ativo total é maior que o passivo exigível.

c) de Passivo a Descoberto? Quando o ativo total é menor que o passivo exigível.

d) Plena? Quando o ativo total é maior que o passivo exigível e este é igual a zero.

e) Inexistência de Ativos? Quando o ativo total é igual a zero e o passivo exigível é maior que zero.

38. Para cada uma das situações acima, elabore um Balanço Patrimonial com três bens, dois direitos e quatro obrigações. Resposta individual: ver o livro para sugestões.

39. Quais são os componentes do Patrimônio Líquido?

O capital social e as diversas reservas (de capital, de lucros etc.)

40. Quais nomes podem ser atribuídos ao Capital Social?

Capital social, capital nominal, capital subscrito, capital realizado.

41. Qual o tipo de sociedade que pode ter Capital Autorizado? Mencione o dispositivo legal. Resposta: limite de aumento do capital social. Lei 6.404/76.

42. O que é Capital

a) Subscrito? É o capital prometido pelos sócios para o negócio.

b) A Realizar? É a parte do capital subscrito que ainda não foi entregue, ou integralizada, pelos sócios ao empreendimento.

43. O que são Lucros Retidos? E Prejuízos Acumulados?

Lucros retidos são parcelas dos lucros dos exercícios anteriores mantidas em poder da empresa para investir no empreendimento.

Prejuízos acumulados são prejuízos de exercícios anteriores que ainda não foram compensados.

44. O que são Reservas de Capital? E Reservas de Lucros? E Reservas Legais?

Reservas de capital: são entradas de recursos de terceiros que não têm relação com as atividades operacionais da empresa, como ágio na subscrição de ações.

Reservas de lucros: são parcela do lucro líquido retidas ao final de cada exercício, no patrimônio líquido, para finalidades específicas de acordo com a lei.

Reserva legal: parcela equivalente a 5% do lucro líquido reservada para criar uma proteção ao capital social de possíveis prejuízos. Não ode ultrapassar 20% do valor do capital social, mas poderá ser incorporada a ele.

45. Qual o instrumento de constituição das

a) Sociedades Limitadas? Contrato social.

b) Sociedades Anônimas? Estatuto social.

46. Defina

a) Capital Próprio: recursos fornecidos pelos proprietários ou parcelas dos lucros e reservas de capital retidos no patrimônio líquido.

b) Capital de Terceiros: valores que pessoas estranhas ao capital social investiram na empresa; financiadores e credores em geral.

c) Capital Total à Disposição da Empresa: o total das origens de recursos; capital de terceiros somado ao capital próprio.

d) Capital Circulante: o mesmo que ativo circulante. Bens e direitos que a empresa tem a intenção de converter em dinheiro.

e) Capital Fixo: o mesmo que ativo não circulante. Bens e direitos que a empresa não pretende se desfazer. A empresa os retém em caráter permanente.

f) Passivo Real: capital de terceiros.

g) Passivo Permanente: capital próprio.

47. O que são Fontes de Financiamento? Dê três exemplos.

São os emprestadores de capital ou financiadores: bancos, financeiras, seguradoras, associações de poupança e empréstimos.

48. O que são Fontes de Funcionamento? Dê três exemplos.

São os fornecedores de materiais ou mercadorias: atacadistas, prestadoras de serviços públicos, indústrias.

49. Imposto de Renda da Pessoa Jurídica é Origem ou Aplicação de Recursos? Por quê?

É uma origem de recursos. A empresa, enquanto não paga o tributo está usando recursos de terceiros em seus negócios.

50. Imposto de Renda Retido na Fonte a Recuperar é Origem ou Aplicação de Recursos? Por quê?

É uma aplicação de recursos. Um direito registrado no ativo que tem origem em valores pagos a maior ou indevidamente ou recolhidos para posterior compensação.

Exercícios do Capítulo 2 – Parte 2

1) Relacione a coluna da direita com a da esquerda:

a) Bens Intangíveis   (**c**) Adiant. a Fornecedores

b) Obrigações   (**b**) Adiant. de Clientes

c) Direitos   (**a**) Benfeitorias Imóveis de Terceiros

d) Bens Tangíveis   (**e**) Lucros Acumulados

e) Capital Próprio   (**d**) Caminhão

2) Assinale a alternativa que contém apenas Direitos:

a) Mesas, Cadeiras e Ventiladores

b) Duplicatas a Receber, Adiantamentos a Fornecedores, Adiantamentos de Salários **(x)**

c) Duplicatas a Pagar, Impostos a Recuperar, Receitas Diferidas

d) Imposto a Recuperar, Duplicatas a Receber, Adiantamentos de Fornecedores

e) Duplicatas, Promissórias, Títulos a Receber

3) Complete:

a) O aspecto qualitativo consiste em **nominar** os Bens, Direitos e Obrigações.

b) O aspecto quantitativo consiste em **avaliar financeiramente** os Bens, Direitos e Obrigações.

4) Coloque V se a afirmativa for verdadeira e F se for falsa.

(**V**) Ativo e Passivo compõem o Patrimônio da empresa.

(**F**) O Passivo é composto por elementos negativos. **(conotação)**

(**F**) O Ativo é composto por elementos positivos.
(conotação)

(**V**) O Patrimônio Bruto corresponde ao Ativo.

(**F**) O valor dos Bens ao ser subtraído do valor das Obrigações, resulta no Patrimônio Líquido. **(Bens + Direitos – Obrigações = PL)**

5) Complete:

   a) A importância paga pelo ponto comercial acima do valor contábil é chamada de **goodwill**

   b) A parcela do lucro destinada a absorver eventuais prejuízos e proteger o capital social forma a **reserva legal**

   c) A Reserva Legal está prevista no artigo nº **193** da Lei 6.404/76.

6) Obedecendo à legenda abaixo, classifique os elementos constantes do quadro a seguir.

   a) Para a coluna "A" escolha entre Bens ou Direitos ou Obrigações

   b) Para a coluna "B" escolha entre Ativo ou Passivo ou Patrimônio Líquido

   c) Para a coluna "C" escolha entre Origem ou Aplicação

Elementos	A	B	C
Dinheiro em caixa	*Bem*	*Ativo*	*Aplicação*
Mercadorias	Bem	Ativo	Aplicação
Duplicatas a Receber	Direito	Ativo	Aplicação
Duplicatas a Pagar	Obrig.	Passivo	Origem
Estoques	Bem	Ativo	Aplicação
Seguros a Vencer	Direito	Ativo	Aplicação
Juros a Vencer	Direito	Ativo	Aplicação
Aluguéis a Vencer	Direito	Ativo	Aplicação
Aplicações em Incentivos Fiscais	Direito	Ativo	Aplicação
Empréstimos a Diretores	Direito	Ativo	Aplicação

Empréstimos de Diretores	Obrig.	Passivo	Origem
Obras de Artes	Bem	Ativo	Aplicação
Adiantamento de Clientes	Obrig.	Passivo	Origem
Impostos a Recolher	Obrig.	Passivo	Origem
Impostos a Pagar	Obrig.	Passivo	Origem
Móveis	Bem	Ativo	Aplicação
Máquinas	Bem	Ativo	Aplicação
Imóveis	Bem	Ativo	Aplicação
Depreciação Acumulada	Bem -	Ativo -	Origem
Reserva Legal	Obrig.	PL	Origem
Ágio na Emissão de Ações	Obrig.	PL	Origem
Benfeitorias Imóveis de Terceiros	Bem	Ativo	Aplicação
Amortização Acumulada	Bem -	Ativo -	Origem
Duplicatas Descontadas	Obrig.	Passivo	Origem
Provisão para Devedores Duvidosos	Bem -	Ativo -	Aplicação
Marcas e Patentes	Bem	Ativo	Aplicação
Provisão para Ajuste de Estoque	Bem -	Ativo -	Origem
Debêntures a Pagar	Obrig.	Passivo	Origem
Alienação de Partes Beneficiárias	Obrig.	PL	Origem
Financiamentos	Obrig.	Passivo	Origem
Mercadorias	Bem	Ativo	Aplicação

7) Represente os elementos a seguir em um Balanço Patrimonial, apure o Patrimônio Líquido e determine a situação líquida e o estado patrimonial.

Caixa: 2000; Móveis e Utensílios: 300; Empréstimos a Pagar: 1.700; Imóveis: 3.000; Salários a Pagar: 200; Clientes: 700.

BALANÇO PATRIMONIAL			
ATIVO		PASSIVO	
Caixa	2.000	Emp. A Pagar	1.700
Móveis	300	Sal. A Pagar	200
Imóveis	3.000		
Clientes	700	**PL**	**4.100**
TOTAL	6.000	TOTAL	6.000

PL = 6.000 – 1.900 = 4.100

Situação líquida positiva: superavitária

8) Represente os elementos a seguir em um Balanço Patrimonial, apure o Patrimônio Líquido e determine a situação líquida e o estado patrimonial.

Bancos: 100; Equipamentos: 100; Empréstimos de Sócios: 200; Contribuições Sociais a Recolher: 500; Terrenos: 400; Instalações: 200; Adiantamentos de Clientes: 700; Adiantamentos a Fornecedores: 50; Seguros a Vencer: 50.

BALANÇO PATRIMONIAL			
ATIVO		PASSIVO	
Bancos	100	Empr. De Sócios	200
Equipamentos	100	CS a recolher	500
Terrenos	400	Adnt de Clientes	700
Instalações	200		
Adnt a Forneced	50	**PL**	**- 500**
Seguros a Vencer	50		
TOTAL	900	TOTAL	900

PL = 900 – 1.400 = -500

Situação líquida negativa: deficitária

9) Represente os elementos a seguir em um Balanço Patrimonial, apure o Patrimônio Líquido e determine a situação líquida e o estado patrimonial.

Terrenos: 60.000; Imóveis: 15.000; Empréstimos de Sócios: 50.000; Empréstimos a Diretores: 30.000; Impostos a Recolher: 10.000; Salários a Pagar: 10.000.

10) Represente os elementos a seguir em um Balanço Patrimonial, apure o Patrimônio Líquido e determine a situação líquida e o estado patrimonial.

Terrenos: 40.000; Máquinas e Equipamentos: 30.000; Móveis e Utensílios: 20.000; Veículos: 24.000; Instalações: 5.000; Bancos Conta Movimento: 40.000; Caixa: 28.000; Mercadorias em Estoque: 48.000; Duplicatas a Receber: 12.000; Promissórias a Receber: 13.000; Fornecedores: 35.000; Financiamentos de Longo Prazo: 80.000; Salários a Pagar: 38.000; Encargos Sociais a Recolher: 10.000; Impostos a Pagar: 30.000; Adiantamentos de Clientes: 49.000.

BALANÇO PATRIMONIAL			
ATIVO		PASSIVO	
Terrenos	40	Fornecedores	35
Maq. E Equip	30	Financ. A LP	80
Mov. E Utens	20	Salários a Pagar	38
Veículos	24	Enc Soc. Recolher	10
Instalações	5	Impostos a Pagar	30
Bancos	40	Adnt de Clientes	49
Caixa	28		
Estoque Mercad.	48		
Dupl. A Receber	12	**PL**	**18**
Promiss. A Receb	13		
TOTAL	260	TOTAL	260

PL = 260.000 − 242.000 = 18.000

Situação líquida positiva: superavitária

11) Represente os elementos a seguir em um Balanço Patrimonial, apure o Patrimônio Líquido e determine a situação líquida e o estado patrimonial.

Caixa: 4.500; Bancos: 8.000; Duplicatas a Pagar: 5.000; Imóveis: 16.000; Reservas: 2.000; Capital Social: 20.000; Salários a Pagar: 2.500; Importações em Andamento: 12.000; Mercadorias: 15.000; Impostos a Pagar: 2.500; Encargos Sociais a Pagar: 1.000; Capital a Realizar: 3.000; Adiantamentos de Clientes: 9.700; Empréstimos a Sócios: 3.200; Adiantamentos a Fornecedores: 5.300, Comissões de Vendedores a Pagar: 8.000; Terrenos para Futura Expansão: 3.800.

BALANÇO PATRIMONIAL			
ATIVO		PASSIVO	
Caixa	4.500	Duplicatas a Pagar	5.000
Bancos	8.000	Salários a Pagar	2.500
Imóveis	16.000	Impostos a Pagar	2.500
Import. Em And	12.000	Enc Soc a Pagar	1.000
Mercadorias	15.000	Adnt de Clientes	9.700
Empr. A Sócios	3.200	Com. Ven. A Pgr	8.000
Adnt a Fornec.	5.300	TOTAL	28.700
Terr. p/ Expan	3.800	PATRIMÔNIO LÍQUIDO	
		Capital Social	20.000
		(-)Cap. a Realizar	-3.000
		Reservas	2.000
		Luc Acumulados	??
TOTAL	67.800	TOTAL	67.800

PL1 = 67.800 − 28.700 = 39.100

PL2 = 20.000 − 3.000 + 2.000 = 19.000

Lucros Acumulados = PL1 − PL2

Lucros Acumulados = 39.100 − 19.000 = 20.100

Situação líquida positiva: superavitária

Exercícios do Capítulo 3

1. Considere a equação do patrimônio: A = PE + PL. Para cada item abaixo dê exemplo de uma operação que mantém o equilíbrio desta equação e que causa, simultaneamente:

   a. Compra de bem a vista

   b. Compra de bem a prazo

   c. Pagamento de dívida

   d. Impossível

   e. Troca de dívida

2. Considere a equação do patrimônio: A = PE + PL. Para cada item abaixo dê exemplo de uma operação que mantém o equilíbrio desta equação e que causa, simultaneamente:

   a. Receitas a vista, aumento de capital

   b. Conversão de dívida em capital, prestação de serviço recebido antecipadamente

   c. Venda de mercadoria com lucro

   d. Distribuição de dividendos

   e. venda de mercadoria com prejuízo

3. Indique o relatório correspondente às características mencionadas

   a. BP

   b. DRE

4. Responda aos itens a seguir:

   a. DRE

   b. Lucros Acumulados

   c. Contas patrimoniais são relacionadas no BP; conta de resultado são relacionadas na DRE. Entre outras coisas

d. Operações patrimoniais envolve apenas contas patrimoniais; operações de resultado envolvem pelo menos uma conta de resultado e uma patrimonial

e. Ele precisa causar alguma alteração no patrimônio; exemplo de fato meramente administrativo é uma assinatura de termo de compromisso, que não gera nenhuma movimentação patrimonial

5. Responda aos itens a seguir:

   a. Livro Diário

   b. Livro Razão

   c. Capital Social, Caixa, Estoque de Mercadorias

   d. Fato permutativo

   e. Fato modificativo

6. Responda aos itens a seguir:

   a. Origens = Aplicações (A = PE + PL). O ativo são as aplicações. As origens estão no passivo exigível e no patrimônio líquido

   b. Equipamentos e Caixa; fato permutativo

   c. Fornecedores

   d. Porque é o uso do veículo que representa fato gerador de despesa

   e. Pela depreciação

7. Responda aos itens a seguir:

   a. O patrimônio líquido

   b. Caixa

   c. Nada. O valor histórico e a depreciação acumulada continuam sendo informados no BP. O valor histórico do bem será igual a zero

   d. Quando da venda, através do Custo da Mercadoria Vendida - CMV

   e. Adiantamento de clientes é obrigação. Adiantamento a fornecedores é direito

8. Responda aos itens a seguir:

a. Receita de vendas, Caixa ou Bancos, Contas a Receber ou Clientes

b. Sim. Porque as contas de resultado são as de receitas e despesas. Assim, será um fato modificativo aumentativo (receitas) ou diminutivo (despesas)

c. Duplicatas a Pagar, Caixa e Descontos Financeiros Recebidos

d. Receitas de Vendas, Caixa e Descontos Comerciais Concedidos

e. Errado. A apuração do resultado ser não só para indicar se houve lucro ou prejuízo; ela orienta o conhecimento do custo da operação, informação relevante para a gestão

9. Responda aos itens a seguir:

a. São ocorrências decorrentes das operações normais da empresa que fazem aumentar o ativo ao mesmo tempo em que aumentam o patrimônio líquido

b. A prestação efetiva do serviço ou a transferência da propriedade da mercadoria pela entrega após a venda

c. São sacrifícios incorridos, na forma de gastos vinculados às operações normais da empresa, que reduzem o patrimônio líquido e que possibilitam o ganho das receitas

d. O consumo de um bem ou o uso de um serviço)

e. À despesa

10. Responda aos itens a seguir:

a. Custo e despesa têm a mesma natureza, pois reduzem o lucro. Custo é o gasto associado diretamente à receita – o combustível usado no veículo de entrega ou o valor de aquisição da mercadoria vendida; despesa é o gasto associado indiretamente à receita – o aluguel do imóvel onde funciona a sede da empresa

b. É outro nome para receitas de aluguéis

c. É outro nome para despesas de aluguéis

d. O primeiro é receita de juros e o segundo é despesas de juros)

e. O primeiro representa direitos e o segundo são despesas relativas ao direito já utilizado

11. Responda aos itens a seguir:

a. A entrada do dinheiro, mesmo que o serviço não tenha sido prestado ou a mercadoria vendida não tenha sido entregue

b. A saída do dinheiro, independentemente do recebimento do serviço ou do produto adquirido

c. A entrega do produto ou a prestação do serviço

d. O consumo de um bem ou o uso de um serviço

e. O regime de competência)

12. Responda aos itens a seguir:

a. Regime de competência: prestação do serviço; regime de caixa: recebimento do valor

b. Depende: no regime de caixa houve receita e no de competência surgiu uma obrigação

c. Caixa ou Bancos e Adiantamento a Fornecedores – um direito

d. São gastos à vista ou a prazo, para adquirir a cobertura de um seguro, ou seja, um prêmio de seguro. Esse gasto é registrado como um direito. À medida que o tempo passa esse direito vai se convertendo em despesa

e. Caixa e Despesas Antecipadas de Aluguéis

13. Responda aos itens a seguir:

a. Adiantamento de Clientes

b. Receitas Antecipadas ou Adiantamento de Clientes

c. Adiantamento de Aluguéis ou Despesas Antecipadas de Aluguéis

d. Através da apuração do resultado e sua transferência para a conta Lucros Acumulados do patrimônio líquido

e. É a atividade de fim de período que faz o confronto das contas de resultado a fim de saber se houve lucro ou prejuízo. A utilidade é, além de conhecer o resultado das operações, propiciar a preparação dos relatórios contábeis

14. Responda aos itens a seguir:

a. São sacrifícios feitos para se obter um bem ou um serviço. Gastos podem ser feitos à vista ou a prazo. Gastos podem ser feitos para pagar despesas, como gastos com lanches

b. É o pagamento de um gasto feito. O desembolso é caracterizado, em geral, pela saída do recurso do caixa ou do banco

c. É o gasto feito para adquirir algum componente do ativo da empresa. A compra de estoques, de equipamentos ou de títulos públicos são exemplos de investimentos que a empresa faz

d. São gastos com aquisições que se incorporam ao ativo da empresa. Os investimentos são gastos ativados. Comprar um lanche e consumi-lo imediatamente não é um gasto ativado; é uma despesa

e. Porque eles são adquiridos para estoque e não para consumo imediato. Esta aquisição é um gasto ativado e é um investimento. À medida que vai sendo consumido seu valor vai se convertendo em despesa

15. Responda aos itens a seguir:

a. É o conjunto de operações em que se confrontam as receitas e despesas ocorridas numa conta chamada Apuração do Resultado do Exercício (ARE), a fim de conhecer se o resultado de suas operações no exercício social gerou lucro ou prejuízo

b. Quando precisa levantar os relatórios contábeis, principalmente ao término do exercício social

c. São lançamentos de atualização ou adequação, a fim de registrar fatos que não foram captados pela contabilidade no dia a dia das operações. Exemplo: a depreciação não é contabilizada a cada dia, e sim, ao término do período

d. Despesas pagas antecipadamente (material de consumo, seguros antecipados); receitas recebidas antecipadamente (cumprimento de parte da obrigação por antecipações de clientes); depreciação

e. Os relatórios contábeis não retratarão com precisão a situação economia da empresa. A ausência dos ajustes deixa os relatórios contábeis incorretos

16. Responda aos itens a seguir:

a. Porque é assim que se conhecem valores como a despesas com materiais consumidos ou o custo do serviço prestado ou ainda o custo da mercadoria vendida ou o valor dos estoques que se transferem para o exercício seguinte. Em quase todas as empresas, o valor do consumo interno ou da saída destes bens dos estoques só pode ser conhecida através da contagem do que restou. Este procedimento se chama inventário e é importante para se determinar custos e despesas com tais bens)

b. Em geral é através da contagem física dos estoques remanescentes, num processo chamado *inventário*. Alguns tipos de estoques não precisam de contagem em determinadas empresas, pois o controle é digital através de códigos de barras ou outras tecnologias

c. Custo = Estoque inicial + Aquisições – Estoque final

d. Quando ocorre o uso da mão de obra contratada

e. Porque eles são incorporados aos produtos fabricados. Estes produtos deixam a área de produção e vão para os estoques de produtos acabados carregando todos custos incorridos no processo de fabricação deles. Portanto, tais custos são estocados e se converteram em despesas (CMV) quando são entregues aos compradores

17. Responda aos itens a seguir:

    a. A duração da vida útil, definida em regulamento

    b. 100% / 20 = 5%

    c. 100% /5 = 20% ao ano; 20% / 12 = 1,7% ao mês

    d. 0%. Terrenos não são depreciáveis. Eles estão girando ao redor do sol há bilhões de anos

    e. Os tangíveis

18. Responda aos itens a seguir:

    a. Despesa de Depreciação e Depreciação Acumulada de Equipamentos

    b. Para não perder a informação relativa ao valor histórico, que é aquela demonstrada no balanço patrimonial

    c. É o valor que se obtém ao subtrair o valor da depreciação acumulada do bem do seu valor de aquisição, que é o valor histórico

    d. Despesa de Depreciação, na DRE; Depreciação Acumulada, no BP, como redutora do ativo depreciado

    e. Porque é preciso haver o uso do bem, que será convertido em despesa com o passar do tempo, através da depreciação

19. Considere as contas a seguir e determine o resultado do exercício e indique se houve lucro ou prejuízo:

Despesas de Salários (Despesa)	100
Despesas Antecipadas de Seguros	200
Receitas de Prestação de Serviços (Receita)	900
Receitas Financeiras (Receita)	80
Despesas de Depreciação (Despesa)	20
Receitas Antecipadas de Vendas	150
Custos dos Serviços Prestados (Despesa)	500

$$[(900 + 80) - (500 + 100 + 20)] = 320 \text{ (Lucro)}$$

20. Considere as contas a seguir e determine o valor do ativo total:

Contas a Pagar	300
Clientes (Ativo +)	500
Despesas Antecipadas de Aluguéis (Ativo +)	400
Antecipação de Clientes	120
Depreciação Acumulada de Veículos (Ativo -)	80
Veículos (Ativo +)	420
Caixa e Bancos (Ativo +)	180
Receitas de Vendas	900
Despesas Gerais	450

$$(500 + 400 - 80 + 420 + 180 = 1.420)$$

21. Considere as contas a seguir e determine o valor do patrimônio líquido:

Contas a Pagar (Passivo)	350
Clientes (Ativo)	500
Despesas Antecipadas de Aluguéis (Ativo)	400
Antecipação de Clientes (Passivo)	820
Depreciação Acum. de Veículos (Ativo -)	80
Veículos (Ativo)	420
Caixa e Bancos (Ativo)	180
Móveis e Utensílios (Ativo)	300
Estoques de Merc. para Revenda (Ativo)	3.000
Salários a Pagar (Passivo)	1.000
Contas a Pagar (Passivo)	700

Ativo = (500 + 400 – 80 + 420 + 180 + 300 + 3.000) = 4.720

Passivo = (350 + 820 + 1.000 + 700) = 2.870

PL = Ativo – Passivo → PL = 4.720 – 2.870 = 1.850

Exercícios do Capítulo 4

1. O que significa para você cada um dos termos abaixo? Faça uma pesquisa, se necessário.

   a. Conta: Nome técnico dado a um componente patrimonial.

   b. Plano de contas: Relação de todas as contas utilizadas por uma empresa. As contas são detalhadas por nome e código. Apresenta a função e o funcionamento de cada conta, detalhando quando ela dele ser debitada e quando deve ser creditada.

   c. Livro diário: Principal livro de escrituração contábil, destina-se a registrar em ordem cronológica os fatos contábeis.

   d. Livro razão: Livro destinado à escrituração sistemática onde cada folha ou ficha do livro trata de uma conta apenas. Neste livro é possível determinar rapidamente o total de débitos e de créditos realizados em cada conta durante o período. O saldo da conta é apresentado a todo momento neste livro, fato que propicia o levantamento dos relatórios contábeis sempre que necessário.

   e. Método das partidas dobradas: Método de escrituração contábil universalmente utilizado, segundo o qual "a cada débito corresponde um crédito de igual valor". Não há débito sem crédito correspondente é o que preconiza este método. Ou ainda, "em todo lançamento a soma dos débitos deve ser igual à soma dos créditos".

   f. Razonete ou conta T: Dispositivo utilizado para visualização dos lançamentos, em que os débitos são registrados à esquerda e os créditos à direita.

   g. Débitos da conta: São os valores registrados a débito em uma conta.

   h. Créditos da conta: São os valores registrados a crédito em uma conta.

   i. Total dos débitos da conta: Soma dos valores debitados em uma conta.

j. Total dos créditos da conta: Soma dos valores creditados em uma conta.

k. Saldo da conta: é a diferença entre o total de débitos e o total de créditos. O valor do saldo tem a mesma natureza da maior soma. Assim, se a soma dos débitos for maior do que a soma dos créditos, o saldo terá natureza devedora e será anotado na coluna do débito.

l. Lançar no livro diário e Lançamento no livro diário: É fazer o registro de uma operação contábil no livro diário. Com todos os detalhes que este livro exige. Entre eles: data da operação, nome e valor da conta debitada, nome e valor da conta creditada e histórico da operação.

m. Transcrição para o livro-razão: É a escrituração do livro razão, que se dá pelo método da transcrição. Neste método, as contas utilizadas no registro do livro diário em cada operação, têm seus valores anotados nas fichas do livro razão correspondentes às respectivas contas.

n. Balancete de verificação: Relatório contábil utilizado para se certificar que a soma dos lançamentos a débito é igual à soma dos lançamentos a crédito.

o. Demonstração do resultado do exercício: Relatório contábil que relaciona todas as contas de resultado utilizadas no período. Nesta demonstração ocorre o confronto entre receitas e despesas a fim se se determinar se houve lucro ou prejuízo como resultado das operações em determinado período.

p. Balanço patrimonial: Relatório contábil destinado a demonstrar a posição patrimonial e financeira de uma entidade, sob os aspectos qualitativo e quantitativo.

q. Origens de recursos: São as fontes de recursos para financiar os ativos e permitir a operação da empresa. Podem ser recursos dos proprietários, como capital social, ou de terceiros, como os financiamentos. E ainda podem ser recursos gerados pela própria empresa, como os lucros retidos.

r. Aplicação de recursos: São os usos que se faz dos recursos da empresa. Aquisição de ativos, investimentos e pagamento de serviços.

s. Ativo, Passivo e Patrimônio líquido: São os principais grupos do balanço patrimonial. O ativo representa as aplicações de recursos, enquanto as origens são representadas pelo passivo e pelo patrimônio líquido.

t. Clientes: Conta representativa de valores a receber decorrentes de vendas a prazo. Pode ser substituída por Duplicatas a Receber.

u. Fornecedores: Conta representativa de valores a pagar decorrentes de compras a prazo. Pode ser substituída por Duplicatas a Pagar.

v. Dívidas de longo prazo: Valores a pagar após o término do exercício seguinte àquele em que os relatórios estão sendo preparados.

w. Receita antecipada: Trata-se de uma obrigação. A empresa recebe antecipadamente determinado valor para entregar posteriormente algum bem ou serviço. Enquanto isto não ocorre, remanesce a obrigação.

x. Receita de venda: Valor relativo à entrega de um bem ou à prestação de serviço cujo recebimento pode ser à vista ou a prazo.

y. Antecipação de clientes: O mesmo que Receita Antecipada. Uma obrigação.

2. Um crédito em uma conta pode significar
    a. Aumento de ativo
    b. Diminuição de passivo
    c. Aumento de despesa
    d. Redução de ativo (x)

3. O tipo de conta com saldo normal devedor é:
    a. Um item do passivo
    b. Uma despesa (x)
    c. Uma depreciação acumulada
    d. Uma receita antecipada

4. Em qual destas contas um saldo credor pode indicar um erro?
    a. Fornecedores
    b. Antecipação de clientes
    c. Receitas de prestação de serviços
    d. Clientes (x)

5. O pagamento a fornecedores usando dinheiro do caixa poderia ser registrado assim:
   a) Débito no Caixa e crédito em Clientes
   b) Débito em Fornecedores e crédito em Clientes (x)
   c) Débito em Clientes e crédito em Caixa
   d) Débito em Fornecedores e crédito em Caixa

6. Qual relatório apresenta as receitas e as despesas relativas a um dado período, segundo o conceito de confrontação da receita e despesa?
   a. Balanço patrimonial
   b. Demonstração do resultado do exercício (x)
   c. Demonstração das mutações no patrimônio líquido
   a. Demonstração dos fluxos de caixa

7. Descreva e explique a equação fundamental da contabilidade. Ativo = Passivo + Patrimônio Líquido. Mostra que as origens de recursos são iguais às aplicações de recursos. Mostra também que o método das partidas dobradas deve ser seguido rigorosamente.

8. Qual a diferença entre uma conta e um razonete? A conta é o nome técnico do componente patrimonial ou de sua variação. Já o razonete é o dispositivo que se usa para visualizar débitos e créditos realizados em uma conta.

9. Débito e crédito podem significar aumentos ou diminuições. Dê um exemplo em que:
   a. Um débito causa aumento de saldo na conta: Compra de mercadorias a prazo aumenta o ativo Estoques de Mercadoria.
   b. Um débito causa diminuição de saldo na conta: Pagamento de uma duplicata causa redução do saldo de Duplicatas a Pagar, já que esta conta é debitada.
   c. Um crédito causa diminuição de saldo na conta: Saída de recurso do Caixa para algum pagamento reduz o saldo do Caixa; e este registro é feito a débito de Caixa.
   d. Um crédito causa aumento de saldo na conta: Compra a prazo aumenta o saldo da conta Fornecedores, feito por um crédito.

10. Um débito em uma conta de despesa, tem que efeito (aumento ou diminuição?):
    a. Na despesa em si: Aumenta a despesa
    b. No patrimônio líquido: Reduz o PL

11. Um crédito em uma conta de receita, tem que efeito (aumento ou diminuição?):
   a. Na receita em si: Aumenta a receita
   b. No patrimônio líquido: Aumenta o PL

12. Explique uma possível situação em que a conta Caixa apresenta saldo credor, sabendo que todas as entradas e saídas de caixa foram corretamente registradas no livro diário e transcritas para o livro-razão. (Em uma venda a prazo, credita-se Caixa em vez de se creditar a Receita de Vendas)

13. A Companhia Isa Arte & Decoração prestou serviços de embelezamento de interiores em abril por $ 12.000 para recebimento no mês seguinte. O cliente fez o pagamento integral em maio.
   a. A receita se considera realizada em abril ou maio? Por quê? (Em abril, pois neste mês ocorreu a prestação do serviço)

   b. Qual o lançamento a ser feito em abril?
      D – Contas a Receber   12.000
      C – Receitas de Prestação de Serviços   12.000

   c. Qual o lançamento a ser feito em maio?
      D – Caixa   12.000
      C – Clientes   12.000

14. O balancete de verificação fornece que tipo de informação? Essa informação significa segurança absoluta? O balancete de verificação permite constatar se a soma dos valores debitados corresponde à soma dos valores creditados. Esta constatação não é livre de engano.

15. A empresa Caetano Games tem $ 4.000 depositados em conta bancária.
   a. Do ponto de vista da Caetano games este saldo na conta representa um ativo, passivo, patrimônio líquido, receita ou despesa? (Um ativo. O dinheiro é da empresa e está depositado no banco)

   b. Do ponto de vista do Banco este saldo na conta da Caetano Games representa um ativo, passivo, patrimônio líquido, receita ou despesa? (Um passivo, pois o banco está de posse de valor pertencente a terceiros. O banco deve este valor à empresa)

16. Prepare um lançamento no livro diário relativo à compra
de móveis para seu escritório, por $ 20.000, sendo um
quarto à vista e o restante a prazo, em 16 de agosto.
D – Móveis   20.000
C – Caixa   5.000
C – Contas a Pagar   15.000

17. Prepare dois lançamentos no livro diário:
a. Em 4 de janeiro: prestação de serviços a prazo por $
2.000
D – Clientes   2.000
C – Receitas de Serviços   2.000

b. 28 de fevereiro: recebimento em caixa pelo serviço
mencionado na operação acima
D – Caixa   2.000
C – Clientes   2.000

18. Para as contas a seguir, indique (i) a natureza de seu
saldo (devedor ou credor) e (ii) se no dia a dia admite
lançamentos apenas a débito, apenas a crédito ou ambos:
a. Promissórias a Receber: Natureza devedora (direito);
recebe lançamento a débito e a crédito
b. Duplicatas a Pagar: Natureza credora (obrigação);
recebe lançamento a débito e a crédito.
c. Custos do Serviço Prestado: Natureza devedora; recebe
apenas lançamentos a débito.
d. Receitas Antecipadas: Natureza credora (obrigação);
recebe lançamentos a débito e a crédito.
e. Receitas de Serviços Prestados: Natureza credora;
recebe apenas lançamentos a crédito.
f. Lucros Acumulados: Natureza devedora (prejuízo) ou
credora (lucro); recebe lançamentos a débito e a
crédito.
g. Assinaturas Pagas Antecipadamente: Natureza
devedora (direito); lançamentos a débito e a crédito (à
medida que o tempo passa).
h. Aluguéis Recebidos Antecipadamente: Natureza credora
(obrigação); lançamentos a débito e a crédito.

19. Em 1º de março o saldo de caixa era $ 1.000. Durante
este mês houve recebimentos de $ 4.000 e o saldo final
foi de $ 500. Quanto totalizou os pagamentos do mês de
março? 4.500

20. Em 1º de abril a conta Estoque de Mercadorias indicava saldo inicial de $ 2.000. Durante o mês a empresa comprou $ 23.000 de mercadorias para estoque. No final do dia 30 de abril, restava $ 800 de mercadorias para revenda. Qual foi o custo das mercadorias vendidas em abril? 24.200 é o valor das mercadorias que saíram do estoque.

21. Escrituração - Em relação às contas a seguir, indique se ela, normalmente, poderá ter lançamentos (i) somente a débito, (ii) somente a crédito e (iii) lançamentos tanto a débito quanto a crédito:
    a. Clientes: Recebe lançamentos a débito e a crédito.
    b. Fornecedores: Recebe lançamentos a débito e a crédito.
    c. Bancos: Recebe lançamentos a débito e a crédito.
    d. Capital Social: O normal é receber lançamentos a crédito. Em casos de redução de capital social ela precisa ser debitada.
    e. Despesas com Material de Consumo: Recebe lançamentos a débito
    f. Receitas de Serviços: Recebe lançamentos a crédito
    g. Veículos: O normal é receber lançamentos a débito. Em casos de baixa de veículo ela precisa ser creditada.
    h. Depreciação Acumulada: O normal é receber lançamento a crédito.
    i. Contas a Receber: Recebe lançamentos a débito e a crédito.
    j. Contas a Pagar: Recebe lançamentos a débito e a crédito.
    k. Receitas Antecipadas: Recebe lançamentos a débito e a crédito.
    l. Antecipação a Fornecedores: Recebe lançamentos a débito e a crédito.
    m. Despesas Antecipadas: Recebe lançamentos a débito e a crédito.
    n. Aluguéis Passivos: O normal é receber lançamento a débito.
    o. Juros Ativos: O normal é receber lançamento a crédito.

22. Escrituração - Para as afirmações a seguir, determine se ela é falsa ou verdadeira. Sendo falsa, aponte o erro:
    a. Um débito em conta de ativo aumenta seu saldo (Verdadeira)
    b. Um débito em conta de passivo diminui seu saldo (Verdadeira)

c. Um crédito em conta de receita aumenta o patrimônio líquido (Verdadeira)
d. Um débito em conta de patrimônio líquido aumenta seu saldo (Falsa. O PL tem natureza credora)

23. Escrituração - Para os grupos de contas a seguir, indique (i) se ele normalmente tem seu saldo aumentado a débito ou a crédito; (ii) se a natureza do saldo é devedora ou credora
    a. Ativo: Saldo aumenta a débito. Natureza devedora.
    b. Passivo: Saldo aumenta a crédito. Natureza credora.
    c. Patrimônio Líquido: Saldo aumenta a crédito. Natureza credora.
    d. Receitas: Saldo aumenta a crédito. Natureza credora.
    e. Despesas: Saldo aumenta a débito. Natureza devedora.

24. Situação líquida - O capital social no valor de R$ 10.000 é a única conta do patrimônio líquido de uma empresa. Ao final do exercício registrou prejuízo de $ 12.000.
    a. Como se chama esta situação do patrimônio líquido? (Passivo a descoberto)
    b. Esta situação compromete a saúde financeira da empresa? (Pode comprometer se não for parte de um plano de expansão ou ação planejada e sob controle)

25. Escrituração - As entradas de caixa de uma empresa em novembro somaram $ 327.600 e as saídas $ 245.300.
    a. Isto significa que a empresa ganhou $ 82.300 em novembro? Explique. (Não. Isto é apenas uma diferença entre entradas e saídas de caixa, e nem todas as operações estão relacionadas a receitas ou despesas)
    b. Se o saldo final da conta Caixa foi de $ 90.000, qual era o saldo inicial? (Saídas = Saldo inicial + Entradas - Saldo final. 245.300 = SI + 327.600 - 90.000 → SI = 245.300 - 327.600 + 90.000 = 7.700)

26. Escrituração - Em agosto foram pagos aos fornecedores $ 30.000 e foram feitas novas compras a prazo no total de $ 70.000. O saldo em 31 de agosto da conta Fornecedores foi de $ 50.000. Qual era o saldo inicial dessa conta em 1º de agosto? (Saídas = SI + Entradas - SF → SI = Saídas - Entradas + SF → SI = 30.000 - 70.000 + 50.000 = 10.000)

27. Escrituração - Em 1º de setembro o saldo da conta Clientes era $ 22.700. Durante o mês, $ 70.000 foram recebidos de contas a receber oriundas de vendas a prazo. Supondo que o saldo em 30 de setembro era de $ 25.200 determine o total de vendas a prazo do mês de setembro. (Saídas = SI + Entradas – SF → Entradas = Saídas – SI + SF → Entradas = 70.000 – 22.700 + 25.200 = 72.500)

28. Contas que exigem ajuste – Indique quais das contas a seguir normalmente exigem um ajuste de fim de exercício.
    a. Despesas de Salários (x)
    b. Juros Passivos (x)
    c. Depreciação Acumulada (x)
    d. Caixa
    e. Terrenos
    f. Despesas Antecipadas de Seguros (x)

29. Tipos de ajuste – Classifique os itens a seguir como (1) despesa paga antecipadamente, (2) receita antecipada, (3) despesa provisionada ou (4) receita realizada e não recebida.
    a. Material de consumo ainda em estoque e já quitada (1)
    b. Recebimentos de caixa por serviços ainda não prestados (2)
    c. Salários devidos e ainda não pagos (3)
    d. Entrada de caixa por vendas a serem entregues no mês seguinte (2)
    e. Receitas de juros vencidos e ainda não recebidos (4)
    f. Matéria-prima disponível para produção já liquidada (1)
    g. Juros a pagar vencidos e ainda não pagos (3)

30. Ajustes para o uso de materiais de consumo – A conta de estoque de materiais de consumo, no início do mês de maio, tinha saldo de $ 2.540. Ao longo deste mesmo mês ela recebeu débitos no valor total de $ 3.470. No final do mês a conta tinha saldo de $ 2.735. Prepare o lançamento de   ajuste.
    <u>Solução</u>
    Débito: Despesas   com   Materiais   de   Consumo
    Crédito: Estoque   de   Materiais   de   Consumo
    Valor: 2.540 + 3.470 – 2.735 = 3.275

31. Ajuste para receitas antecipadas de serviços - A conta que registra as receitas antecipadas de vendas, antes do ajuste de fim de exercício, apresentava saldo de $ 27.380. Após o ajuste a conta ficou com saldo de $ 4.530. Prepare o lançamento de ajuste.
Solução:
Débito: Receitas Antecipadas de Vendas
Crédito: Receitas de Vendas
Valor: 27.380 – 4.530 = 22.850

32. Ajuste para aluguéis antecipados – A Terras e Terrenos recebeu em outubro de 2019 o valor de $ 18.000 reais de adiantamento pelo aluguel de um terreno durante 12 meses. Prepare o lançamento de ajuste a ser feito em 31 de dezembro de 2019, relativo aos aluguéis recebidos antecipadamente.
Solução
Débito: Receitas Antecipadas de Aluguéis
Crédito: Receitas de Aluguéis
Valor: (18.000 / 12) x 3 = 4.500

33. Ajuste para honorários acumulados - Ao término do exercício atual, $ 8.390 foram ganhos a título de honorários que deixaram de ser faturados aos clientes. Prepare o lançamento de ajuste para registrar os honorários acumulados.
Solução
Débito: Contas a Receber
Crédito: Receitas de Serviços Prestados
Valor: $ 8.390

34. Ajuste de despesas com salários - A WT Águas paga semanalmente às sextas-feiras, $ 12.000 de salários aos seus empregados, correspondente à semana de cinco dias de trabalho. O mês de abril de 2020 terminou numa quinta-feira. Prepare o lançamento de ajuste necessário no final do período, ou seja, 30 de abril.
Solução:
Débito: Despesas com Salários
Crédito: Salários a Pagar
Valor: (12.000 / 5) x 4 = $ 9.600
(Dos cinco dias da semana, houve quatro dias trabalhados na última semana do mês)

35. Ajustes com despesas com salários – A WT Mananciais paga semanalmente às segundas-feiras, $ 18.000 de salários aos seus empregados, correspondente à semana de seis dias de trabalho que termina no sábado anterior. O mês de abril de 2020 terminou numa quinta-feira. Prepare o lançamento de ajuste necessário no final do período, ou seja, 30 de abril.
Solução:
Débito: Despesas com Salários
Crédito: Salários a Pagar
Valor: (18.000 / 6) x 4 = $ 12.000
(Dos seis dias da semana, houve quatro dias trabalhados na última semana do mês)

36. Ajustes para despesas de depreciação – O valor da depreciação de móveis e utensílios do atual exercício é de $ 3.940. Prepare o lançamento de ajuste de final de período.
Solução:
Débito: Despesas de Depreciação
Crédito: Depreciação Acumulada de Móveis e Utensílios
Valor: R$ 3.940

37. Efeito da omissão de ajuste – Qual é o efeito sobre (a) receitas, (b) despesas e (c) lucro líquido, da omissão dos seguintes ajustes: (1) depreciação no valor de $ 3.000; (2) receitas de serviços prestados e não faturados (honorários) em $ 9.000; salários a pagar de $ 5.000; (4) materiais de consumo utilizados em $ 2.000; aluguéis recebidos antecipadamente no valor de 7.000 e já passíveis de apropriação.
Solução:
Receita de serviços prestados e não faturados: 9.000
(+) Receitas de aluguéis: 7.000
(=) Efeito nas receitas: 16.000
Despesas de depreciação: 3.000
(+) Despesas com salários: 5.000
(+) Despesas com materiais de consumo: 2.000
(=) Efeito nas despesas: 10.000
(=) Efeito no lucro líquido: 16.000 – 10.000 = 6.000

38. **Escrituração** - Registre as operações a seguir apresente os lançamentos feitos no livro diário e o balancete de verificação.
   a. Abertura de empresa com capital social integralizado em $ 40.000 em dinheiro.

b. Aquisição de material de consumo para estoque à vista no valor de $ 2.000.
c. Aquisição de equipamentos de por $ 10.000, sendo $ 3.000 à vista e o restante a prazo.
d. Pagou despesas de publicidade no valor de $ 1.000 à vista.
e. Prestou serviços a prazo no valor de $ 24.000
f. Pagou metade de sua dívida com os fornecedores dos equipamentos.
g. Recebeu um terço das receitas a prazo.
h. O sócio faz uma retirada de metade do lucro do período.

Solução:

a) D – Caixa   40.000
    C – Capital Social   40.000

b) D – Estoque de Material de Consumo   2.000
    C – Caixa   2.000

c) D – Equipamentos   10.000
    C – Caixa   3.000
    C – Fornecedores   7.000

d) D – Despesas de Publicidade   1.000
    C – Caixa   1.000

e) D – Clientes   24.000
    C – Receita de Serviços Prestados   24.000

f) D – Fornecedores   3.500
    C – Caixa   3.500

g) Este lançamento somente é possível ser feito após a apuração do resultado. Se der lucro é feita a distribuição. Como não fiz os razonetes, posso apurar o resultado subtraindo as despesas da receita. Assim:
Receita de Prestação de Serviços – Despesas de Publicidade =
= 24.000 – 1.000 = 23.000. Metade deste valor, $ 11.500, será distribuída usando-se a conta de passivo Lucros a Distribuir e a outra metade ficará retida no patrimônio líquido, na conta Lucros Acumulados.

Pela passagem do saldo da conta de receita para a conta de apuração do resultado:
D – Receita de Prestação de Serviços   24.000
C – Apuração do Resultado do Exercício   24.000

Pela passagem do saldo da conta de despesa para a conta de apuração do resultado:
D – Apuração do Resultado do Exercício 1.000
C – Despesas de Publicidade   1.000

Pela passagem do saldo da conta de apuração do resultado para a conta lucros acumulados:
D – Apuração do Resultado do Exercício 23.000
C – Lucros Acumulados   23.000

Pela apropriação de metade do lucro como lucros a distribuir no passivo exigível:
D – Lucros Acumulados   11.500
C – Lucros a Distribuir   11.500

BALANCETE DE VERIFICAÇÃO		
Conta	Débitos	Créditos
Caixa	38.500	
Clientes	16.000	
Estoque de Material de Consumo	2.000	
Equipamentos	10.000	
Fornecedores		3.500
Capital Social		40.000
Receitas de Serviços Prestados		24.000
Despesas de Publicidade	1.000	
Total	67.500	67.500

39. **Escrituração** - Em relação às operações do exercício acima, prepare a demonstração do resultado do exercício.

DEMONSTRAÇÃO DO RESULTADO DO EXERCÍCIO	
Contas	Valores
Receita de Serviços Prestados	24.000
(-) Despesas de Publicidade	1.000
(=) Lucro Líquido do Exercício	23.000

40. **Escrituração** - Em relação às operações do exercício acima, prepare o balanço patrimonial.

BALANÇO PATRIMONIAL			
Ativo		*Passivo Exigível*	
Caixa	38.500	Fornecedores	3.500
Clientes	16.000	Lucr a Distrib.	11.500
Estq. Mat. Consumo	2.000		
Equipamentos	10.000	*Patrimônio Líquido*	
		Capital Social	40.000
		Lucros Acumulados	11.500
Total	66.500	Total	66.500